AF751547

El Catalizador de Datos^3 (al cubo)

Acelerando el Gobierno de Datos Mediante la Gestión del Cambio y la Data Fluency

Robert S. Seiner

Technics Publications
SEDONA, ARIZONA

TECHNICS PUBLICATIONS

115 Linda Vista, Sedona, AZ 86336 USA
https://www.TechnicsPub.com

Editado por Steve Hoberman
Diseño de portada por Lorena Molinari
Traducción al español realizada por Ramón Hernández Callejas

Todos los derechos reservados. Ninguna parte de este libro podrá ser reproducida ni transmitida, en ninguna forma ni por ningún medio, ya sea electrónico o mecánico, incluyendo fotocopiado, grabación o cualquier sistema de almacenamiento y recuperación de información, sin el permiso previo y por escrito del editor, excepto por breves citas incluidas en una reseña.

Los autores y el editor han puesto el mayor cuidado en la preparación de este libro, pero no ofrecen garantía expresa ni implícita de ningún tipo y no asumen responsabilidad alguna por errores u omisiones. No se asume responsabilidad por daños incidentales o consecuentes derivados del uso de la información o de los programas contenidos en esta obra.

Todos los nombres comerciales y de productos son marcas comerciales, marcas registradas o marcas de servicio de sus respectivas compañías, son propiedad de sus respectivos titulares y deben ser tratados como tales.

Sin limitar de ninguna manera los derechos exclusivos del autor conforme a la legislación de derechos de autor, queda expresamente prohibido cualquier uso de esta publicación para "entrenar" tecnologías de inteligencia artificial (IA) generativa destinadas a generar texto. El autor se reserva todos los derechos para licenciar el uso de esta obra con fines de entrenamiento de IA generativa y el desarrollo de modelos de lenguaje basados en machine learning.

Las imágenes abstractas que aparecen al inicio de la mayoría de los capítulos fueron generadas por ChatGPT5.

Primera impresión 2025
Copyright © 2025 Robert S. Seiner

ISBN, edición impresa	9798898160944
ISBN, edición Kindle	9798898160951
ISBN, edición PDF	9798898160968

Los Elementos Catalizadores

Prólogo a la edición en español

A inicios de 2016 tuve en mis manos una copia del primer libro de Robert Seiner, *Non-Invasive Data Governance: The Path of Least Resistance and Greatest Success.* Sus conceptos, sencillos y claros, me atraparon desde la primera lectura. Desde entonces me convertí en un divulgador y promotor activo de este enfoque de Gobierno de Datos.

Hay una anécdota que me gusta compartir. En 2017 impartí una conferencia en una universidad de México sobre el enfoque *Non-Invasive Data Governance* de presentado en el primer libro de Robert Seiner (el cual te recomiendo ampliamente consultar), y tuvo una recepción muy positiva. Meses después, me encontraba en una reunión con un cliente para presentarle mis servicios de consultoría en Gobierno de Datos. Mi presentación seguía el enfoque propuesto por el DMBoK de DAMA International.

El cliente tenía fama de ser especialmente exigente con los proveedores. Mientras avanzaba en la exposición, negaba con la cabeza, miraba su reloj y golpeaba suavemente la mesa con los dedos. Nada indicaba que la reunión fuera a terminar bien.

De pronto, tuve una chispa de inspiración.

Le pedí permiso para cambiar la presentación y abrí la que había utilizado en la universidad, basada en el enfoque Non-Invasive Data Governance. Desde las primeras diapositivas, todo cambió. El cliente comenzó a asentir, a tomar notas y a prestar total atención. No me dejó terminar. Me dijo:

"Eso es exactamente lo que estoy buscando. ¿Cuándo puedes iniciar?"

En 2020 inicié conversaciones con la editorial de Robert Seiner para traducir al español su primer libro. Por circunstancias desafortunadas, ese proyecto no pudo concretarse.

A finales de 2025, Robert Seiner publicó este nuevo libro. En cuanto vi el anuncio, lo adquirí de inmediato y comencé a leerlo con entusiasmo.

Una vez más, Robert Seiner lo había logrado: conceptos sencillos, claros y de aplicación inmediata. Y en esta ocasión me propuse no dejar pasar la oportunidad de participar como traductor de una obra suya.

Durante el proceso de traducción enfrenté decisiones editoriales relevantes. Una de ellas gira en torno a la palabra "spark", cuyo sentido en inglés combina chispa, encendido e impulso transformador. He optado por traducirla principalmente como "chispa", procurando preservar la fuerza conceptual que el autor desarrolla incluso en el acrónimo SPARK. Confío en haber logrado transmitir fielmente este elemento central de la obra.

Otro concepto importante que se menciona son Ejecutivos, Gerentes y Especialistas. Se refiere por Especialistas a las personas que están administrando o gestionando el programa de Gobierno de Datos.

Asimismo, he decidido mantener sin traducción varios términos en inglés de uso común entre especialistas en gestión de datos, con el propósito de facilitar la lectura y la asociación conceptual para quienes ya están familiarizados con este lenguaje profesional.

Hoy cierro esta traducción con la misma emoción con la que abrí por primera vez un libro de Robert Seiner hace casi una década. Con la esperanza de que estas páginas recorran nuevos caminos, lleguen a nuevas manos y enciendan nuevas historias de transformación. Porque toda gran transformación comienza así: con una chispa… y con alguien dispuesto a hacerla crecer.

Ramón Hernández Callejas
Ciudad de México, febrero de 2026.

PREÁMBULO

Cómo Llegamos Hasta Aquí

La historia de El Catalizador de Datos³ es, en realidad, la historia de cómo nosotros, como organizaciones y como especialistas, llegamos a este momento en el tiempo. Es un momento definido tanto por la promesa como por la presión: uno en el que los titulares sobre la IA dominan las salas de juntas, en el que "*data-driven*" se ha convertido en una aspiración universal y en el que la confianza en la información parece más difícil de sostener que nunca. Para mí, también es una historia personal, arraigada en décadas de observar cómo las organizaciones luchan con los datos, tropiezan con la gobernanza y, finalmente, descubren una mejor manera de avanzar, menos disruptiva. Ese enfoque llegó a conocerse como *Non-Invasive Data Governance (NIDG)*.

No me propuse inventar un nuevo enfoque de gobernanza. Comencé, como muchos de nosotros, dentro de una corporación, enfrentando las realidades del día a día: datos inconsistentes, esfuerzos duplicados y equipos directivos que exigían *insights* que la organización aún no estaba preparada para entregar. Pronto aprendí que los enfoques tradicionales de gobernanza —asignar nuevos roles, redactar voluminosos manuales de políticas y esperar que la cultura cambie de la noche a la mañana— rara vez funcionaban. En lugar de generar avances, creaban resistencia. Lo que observé, una y otra vez, fue que las personas ya estaban gobernando los datos todos los días a través de sus definiciones, sus decisiones y su forma de utilizarlos. La clave no era añadir gobernanza por encima de su trabajo. La clave era formalizar y respaldar lo que ya existía.

Esa comprensión se convirtió en la semilla de lo que finalmente llamé el enfoque de Non-Invasive Data Governance. Era una gobernanza sin ataduras, sin disrupción y sin resistencia. Era práctica, humana y estaba basada en la *accountability* formalizada en lugar de la autoridad. Puse a prueba estas ideas tanto en mis roles corporativos como con clientes, demostrando una y otra vez que las organizaciones podían hacer que la gobernanza fuera real sin colapsar internamente. Lo que comenzó como tácticas de supervivencia en las trincheras corporativas evolucionó hasta convertirse en un enfoque extraordinario: uno que se volvió más preciso, más rico y poderoso con cada implementación.

Llegó el momento de compartir estas lecciones de manera más amplia y, así, nació mi primer libro, *Non-Invasive Data Governance: El Camino de Menor Resistencia y Mayor Éxito*. No era un libro lleno de teorías académicas ni de discursos comerciales. Era un libro para especialistas, uno que hablaba del dolor que las personas sentían y les ofrecía un camino de menor resistencia. Ese libro tocó una fibra sensible. Permitió que las personas vieran la gobernanza no como un castigo, sino como una oportunidad. La aceptación fue inmediata y conmovedora.

Pero la gobernanza no se queda inmóvil. A medida que las organizaciones experimentaban con NIDG, querían saber qué venía después. Eso me llevó a escribir *Non-Invasive Data Governance Strikes*

Again: Gaining Experience and Perspective. El segundo libro se centró en la profundidad: en cómo mantener la gobernanza una vez que la chispa ya había prendido, cómo construir *stewardship* sin necesidad de asignarla formalmente y cómo incorporar la accountability de manera más profunda y estructurada en toda la organización. Se apoyó en las lecciones aprendidas en el terreno y llevó la práctica un paso más allá, ofreciendo una segunda ola de insights que las organizaciones podían aplicar de inmediato.

Para cuando llegó mi tercer libro, *Non-Invasive Data Governance Unleashed: Empowering People to Govern Data and AI*, el panorama había vuelto a cambiar. La IA ya no era una promesa lejana. Estaba presente en todas las organizaciones, exigiendo atención. De pronto, la gobernanza ya no se trataba solo de cumplimiento o eficiencia. Se trataba de confiar en los resultados de la IA, abordar los sesgos en el *machine learning* y gestionar riesgos a una escala que no habíamos enfrentado antes. El tercer libro extendió NIDG hacia la era de la IA, mostrando cómo los mismos principios que habían funcionado para los datos tradicionales podían aplicarse también a los desafíos de los sistemas inteligentes.

La acogida de estos libros superó mis expectativas. No fueron adoptados únicamente en Estados Unidos. El primer libro fue traducido a varios idiomas (y el segundo continuó impulsando parte de ese impulso) y adoptado por organizaciones en toda Europa, África, Asia y más allá. La universalidad del mensaje de NIDG —que la gobernanza podía ser práctica, humana y no disruptiva— resonó en distintas culturas e industrias. Las alianzas con firmas en Alemania, Sudáfrica, Canadá, Dubái y otros lugares se convirtieron en pruebas claras de que NIDG no era solo una idea mía. Estaba convirtiéndose en un movimiento global. Organizaciones de todos los tamaños y sectores comenzaron a tomárselo en serio, aplicándolo a sus propios contextos y demostrando que funcionaba.

A medida que la gobernanza maduraba en todo el mundo, quedó claro que los datos por sí solos no eran la única variable. Para que la gobernanza se sostuviera en el tiempo, necesitaba ir acompañada de las disciplinas de gestión del cambio y *data fluency* (más comúnmente conocida como *literacy*). La gestión del cambio garantiza la adopción, ayudando a las personas a navegar la disrupción que conlleva la introducción de nuevos procesos. La data fluency (fluidez en datos) garantiza la participación, brindando a las personas la confianza y la competencia necesarias para utilizar de manera efectiva los datos gobernados. Junto con NIDG, estas tres fuerzas crearon un efecto multiplicador —gobernanza × cambio × fluency—. Así nació el concepto del Catalizador de Datos³.

La palabra "catalizador" es clave en este contexto. Con demasiada frecuencia, la gobernanza se presenta como control o cumplimiento, lo que deja a los ejecutivos escépticos, a los gerentes resentidos y a los especialistas desconectados. Pero cuando se replantea como un catalizador, la gobernanza adquiere una nueva energía: se convierte en la chispa que acelera la adopción de la IA, la innovación y la confianza. La gobernanza, la gestión del cambio y la literacy no frena a las organizaciones. Las acelera. Multiplican el valor en lugar de disminuirlo. Ese es el reinicio narrativo que este libro está diseñado para ofrecer.

En el mundo en el que vivimos hoy,
los datos gobernados no son solo importantes.
Son no negociables.

Y así llegamos a El Catalizador de Datos³ (Al Cubo). Un libro que no trata solo de gobernanza, sino de aceleración. No solo de procesos, sino de cultura. No solo de cumplimiento, sino de ventaja competitiva en un mundo definido por la IA. Mi objetivo es simple, pero urgente: cambiar la narrativa de una vez por todas. Mostrar a los ejecutivos que la gobernanza no es opcional; demostrar a los gerentes que puede reducir la fricción; y hacer ver a los especialistas que ya forman parte de la solución. Y, lo más importante, quiero que sientas el impulso de compartir estas ideas con la alta dirección.

Obertura

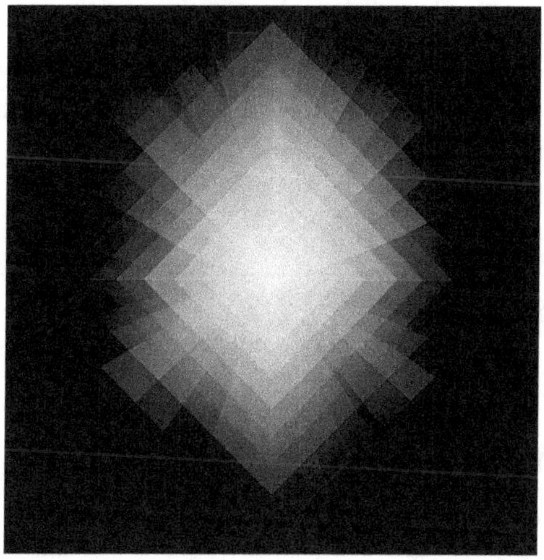

Captando tu atención

Seamos honestos: las palabras gobierno de datos no suelen despertar mucho entusiasmo. De hecho, si las pronuncias en una reunión concurrida, a menudo puedes escuchar el suspiro colectivo recorriendo la sala. La gobernanza tiene un problema de reputación. Para muchos, representa burocracia, trabajo adicional y más obstáculos que superar antes de poder hacer su "verdadero" trabajo. Y, sin embargo, al mismo tiempo, todas las salas de juntas están llenas de conversaciones sobre IA, transformación digital, toma de decisiones data-driven e innovación. Es una paradoja extraña: las organizaciones quieren todos los beneficios de los datos y la tecnología modernos, pero dudan cuando se trata precisamente de aquello que los hace posibles: gobernar los datos.

La ironía es que la gobernanza no es enemiga de la velocidad ni de la creatividad. Es el ingrediente que falta para permitir que las organizaciones avancen más rápido sin entrar en crisis. Imagina construir un rascacielos sin planos o conducir un auto de carreras sin frenos. Puede que al principio sientas la emoción del progreso, pero solo hasta que te des cuenta de que has puesto a todos y a todo en riesgo. Lo mismo ocurre con los datos. Sin gobernanza, las personas no pueden confiar en lo que utilizan, no pueden compartirlo de manera efectiva ni apoyarse en ello para impulsar decisiones. Cuando la gobernanza se hace bien —especialmente a través de un enfoque no invasivo— no te frena. Acelera todo lo demás.

¿Y si la gobernanza no consistiera en añadir fricción, sino en eliminarla?

¿Y si las disciplinas que a menudo percibimos como tareas tediosas —la gobernanza, la gestión del cambio y la *data literacy* (alfabetización de datos)— fueran en realidad los catalizadores para desbloquear las promesas de la IA, la analítica y una mejor toma de decisiones? Esa es la chispa que vamos a encender juntos.

Non-Invasive Data Governance en Contexto

La verdad es que muchas organizaciones ya han intentado el camino "tradicional" del gobierno de datos —y la mayoría tiene las cicatrices para demostrarlo—. Han lanzado grandes iniciativas con herramientas relucientes y objetivos ambiciosos, solo para verlas colapsar bajo su propio peso. Algunas intentaron asignar *data stewards* de la nada, con la esperanza de que nuevos títulos resolvieran problemas antiguos. Otras redactaron extensas políticas que nadie leyó, y mucho menos siguió. ¿El resultado? Frustración, agotamiento y ese tipo de mirada de hastío que garantiza que la gobernanza no tenga ninguna oportunidad la próxima vez que se ponga sobre la mesa.

Non-Invasive Data Governance (NIDG) surgió a partir de esta realidad. Lo desarrollé porque vi cómo las organizaciones tropezaban consigo mismas al intentar imponer la gobernanza a las personas, en lugar de trabajar con la forma en que estas ya interactúan con los datos. NIDG toma un camino diferente. Reconoce que las personas ya *están* gobernando los datos —definiéndolos, produciéndolos y utilizándolos— todos los días. La tarea no consiste en crear la gobernanza desde cero, sino en hacerla formal, consistente y transparente, de manera que fortalezca la confianza en lugar de interrumpir al negocio. Se trata de aprovechar los roles, responsabilidades y procesos existentes para construir una cultura de accountability sin la resistencia que surge al añadir tareas "adicionales".

En este libro, NIDG se convierte en la base sobre la cual se apoyan los otros dos catalizadores —la gestión del cambio y la data fluency—. La gobernanza por sí sola, incluso cuando se aplica de manera no invasiva, sigue teniendo dificultades para ganar impulso si las personas se resisten al cambio o no comprenden los datos. Pero cuando la gobernanza se combina con las disciplinas del cambio y la fluency, de pronto todo cobra sentido. El gobierno de datos deja de ser únicamente una función de cumplimiento y se convierte en un acelerador vivo y dinámico que entrega valor en toda la organización, desde la C-suite hasta el nivel operativo.

Un Breve Mensaje para los Detractores del Enfoque No Invasivo

Siempre habrá críticos que crean que el gobierno de datos debe ser invasivo para ser efectivo. Equiparan la autoridad con la disrupción, asumiendo que, a menos que la gobernanza se imponga mediante nuevos títulos, estructuras rígidas y mandatos de arriba hacia abajo, no resistirá auditorías ni generará resultados. Estos escépticos escuchan la expresión *Non-Invasive Data Governance* y de inmediato concluyen que "no invasivo" significa blando, opcional o ineficaz. Pero eso es un malentendido fundamental. Lo no invasivo no le quita los dientes a la gobernanza; simplemente entrega esos dientes de una manera con la que las personas pueden convivir.

El resultado de cualquier programa de gobernanza debe ser ejercer y hacer cumplir la autoridad sobre los datos.

Ese es el "qué" no negociable de la gobernanza. Las políticas deben cumplirse, los estándares deben aplicarse y la accountability debe hacerse exigible. Sin eso, no hay gobernanza. Donde radica la diferencia es en el cómo. La gobernanza tradicional intenta superponer nuevos procesos, roles y capas de burocracia sobre las operaciones existentes. Non-Invasive Data Governance toma un camino distinto: integra la accountability en el trabajo que las personas ya realizan, aclara y formaliza sus responsabilidades actuales y hace que esas responsabilidades sean visibles y auditables, sin abrumar a la cultura organizacional.

Los escépticos suelen argumentar que cualquier cosa que no sea una gobernanza invasiva será ignorada. Sin embargo, a menudo ocurre exactamente lo contrario. La gobernanza invasiva con frecuencia genera resistencia, frena la adopción y da lugar a interminables "*shadow practices*", a medida que las personas buscan rodear reglas que perciben como poco prácticas. En contraste, un enfoque no invasivo reduce la resistencia al respetar la forma en que las personas ya interactúan con los datos. Hace que la gobernanza se perciba como algo natural y necesario, en lugar de algo añadido a la fuerza y oneroso. La autoridad se mantiene, pero se hace cumplir a través de la integración, no de la interrupción.

No invasivo no significa ser pasivo; significa ser efectivo.

No es gobernanza sin aplicación; es gobernanza sin los anticuerpos culturales que matan la adopción. Si el propósito de la gobernanza es hacer que los datos sean confiables, dignos de confianza y aptos para su uso en la toma de decisiones, entonces la mejor forma de lograrlo es entregar la gobernanza de una manera que la organización abrace, no rechace. Non-Invasive Data Governance garantiza que el resultado —la autoridad sobre los datos— nunca se vea comprometido. Sin embargo, el camino para alcanzarlo es uno que las personas pueden apoyar, sostener y escalar. Eso no es una debilidad. Es sabiduría.

Preparar el Terreno: Por Qué Una Sola Disciplina No Es Suficiente

Por sí sola, la gobernanza puede proporcionar accountability y estructura. Por sí sola, la gestión del cambio puede facilitar transiciones suaves y mantener la alineación cuando las estrategias cambian. Por sí sola, la data fluency puede dar a los colaboradores mayor confianza al trabajar con datos. Pero cuando permanecen aisladas, cada disciplina alcanza un techo. La gobernanza sin gestión del cambio se convierte en un conjunto de reglas que las personas ignoran en silencio. La gestión del cambio sin gobernanza se vuelve teatro: muchos talleres y comunicación, pero sin una base sólida que lo sustente. La data fluency sin gobernanza ni cambio es como enseñar a conducir por carreteras que aún no han sido pavimentadas: las personas adquieren habilidades, pero no pueden aplicarlas de forma consistente ni segura.

Por eso a este concepto lo llamo **catalizador al cubo** —gobernanza × cambio × fluency—. El poder no reside en cada disciplina de manera individual, sino en cómo multiplican el impacto de las demás. Juntas, generan aceleración. La gobernanza aporta confianza y estructura. La gestión del cambio garantiza la adopción y la sostenibilidad. La literacy hace que los datos sean accesibles y utilizables para todos. Cuando trabajan al unísono, la organización no solo avanza: avanza con confianza, velocidad y entendimiento compartido.

Por Qué Uso el Término Data Fluency en Lugar de Data Literacy

Al hablar de fluency en lugar de literacy, reconocemos que los datos ya no son un texto estático que deba leerse. Son un lenguaje dinámico que debe hablarse y comprenderse. Este cambio sutil, pero importante, en el lenguaje refleja la forma en que ha evolucionado el ecosistema de datos y explica por qué el término fluency resulta más alineado con las exigencias de nuestra era digital e impulsada por la IA. A medida que las organizaciones buscan integrar la gobernanza, la gestión del cambio y la comprensión humana para desbloquear el verdadero valor de los datos, fluency se presenta como el concepto que responde a este momento: una señal de que estamos preparados no solo para leer los datos, sino para hablar su lenguaje con confianza.

Para el resto de este libro, avanzaré partiendo del entendimiento de que data fluency es "la capacidad de las personas en toda la organización para comprender, comunicar y aplicar datos con confianza y en contexto, con el fin de tomar decisiones informadas y generar resultados medibles". También encontrarás el término data literacy utilizado a lo largo del libro, cuando resulte apropiado.

Este libro no trata solo de convencerte de esa sinergia. Trata de mostrarte cómo llevarla a la práctica. Recorreremos historias reales de organizaciones que han tropezado y han tenido éxito, eliminaremos mitos que frenan la gobernanza y te proporcionaremos *playbooks* (guías tácticas) que podrás aplicar en todos los niveles de tu negocio. Ya seas un ejecutivo decidiendo dónde invertir, un gerente traduciendo la estrategia en práctica o un especialista que trabaja directamente con los datos, encontrarás formas de conectar los puntos y ver el efecto "al cubo" en acción.

¿Qué Viene a Continuación?

Entonces, ¿qué deberías esperar al pasar las páginas? Primero, espera un lenguaje claro y directo. Este no es un libro lleno de jerga académica ni de palabras de moda tecnológicas que solo tienen sentido para los proveedores. Está escrito para las personas que realmente necesitan hacer que la gobernanza, el cambio y la literacy funcionen: personas como tú, sin importar tu nivel o rol. Segundo, espera pasos prácticos. La teoría es esencial, pero sin aplicación no se sostiene. Cada sección del libro incluye tanto el "por qué" como el "cómo", ofreciéndote playbooks y prácticas que podrás poner a prueba de inmediato en tu organización. Y, lo más importante, espera un cambio de perspectiva. Si llegaste a este libro pensando que la gobernanza era sinónimo de control, que la gestión del cambio se trataba de reuniones interminables y que la data literacy era solo una serie de sesiones de capacitación a las que nadie quería asistir, te prometo que te irás con una visión diferente. Verás estas disciplinas como multiplicadores de valor, no como fugas de energía. Verás cómo pueden acelerar la adopción de la IA, mejorar la toma de decisiones, reducir las fricciones organizacionales y, quizá lo más importante, restaurar la confianza en los datos de los que depende tu negocio.

Ese es el recorrido del *Catalizador de Datos*[3]. Al final, no solo comprenderás cómo se conectan la gobernanza, el cambio y la literacy; también estarás preparado para darles vida en tu propio entorno. Y cuando lo hagas, descubrirás que los datos no son solo una carga que gestionar. Son un catalizador de innovación, confianza y éxito en un mundo que no exige nada menos que eso.

Uno

Encendiendo el Catalizador

Por Qué Necesitamos una Chispa

Las organizaciones llevan décadas hablando de ser data-driven, pero la realidad a menudo se queda corta frente a la promesa. Pregunta a un ejecutivo qué le quita el sueño y señalará informes inconsistentes, modelos de IA riesgosos o requerimientos regulatorios que parecen imposibles de anticipar. Pregunta a un gerente y hablará de silos, trabajo redundante y del constante "apagar incendios" necesario para reconciliar cifras antes de presentarlas a la alta dirección. Pregunta a los especialistas —incluidos analistas, ingenieros y usuarios de negocio en su día a día—

y, con frecuencia, escucharás una frustración silenciosa: "No confiamos en los datos."

Esa frustración suele denominarse **fatiga de datos**. Las personas terminan agotadas de perseguir cifras que no cuadran, sistemas que no se comunican entre sí y programas de gobernanza que se sienten como "una cosa más que hay que hacer". La fatiga se convierte en escepticismo, y el escepticismo mata el impulso. Por eso tantas organizaciones ven cómo las iniciativas de la IA tropiezan, los proyectos de analítica se estancan y la "transformación de datos" se convierte en otra palabra de moda que se desvanece. La pieza que falta no es la tecnología ni el financiamiento. Es la chispa. Sin un catalizador que atraviese la fatiga y vuelva a encender la energía, incluso las iniciativas mejor diseñadas corren el riesgo de convertirse en *shelfware*.

La prioridad hoy no es solo gestionar los datos, es acelerar los resultados.

Esa aceleración no puede venir solo de las herramientas, ni tampoco de consignas sobre ser data-driven. Proviene de alinear la gobernanza, el cambio y la fluency de maneras que energicen, en lugar de agotar. Piénsalo como encender un fósforo. Por sí solo, un fósforo no te mantendrá caliente. Pero si prendes la madera adecuada —en este caso, prácticas de gobernanza con las que las personas puedan convivir, enfoques de cambio que estén dispuestas a adoptar y una fluency que resulte relevante para su trabajo—, construirás un fuego que perdura.

Al Cubo, No al Cuadrado

A simple vista, podrías preguntarte: ¿por qué "al cubo"? ¿Por qué no decir simplemente "triplicar el efecto" o "tres disciplinas juntas"?

La gobernanza establece el marco de accountability. La gestión del cambio garantiza que ese marco no se quede en un estante, sino que cobre vida en la forma en que las personas trabajan. La fluency asegura que todos comprendan no solo las reglas, sino el *por qué* detrás de ellas, construyendo literacy para que los datos dejen de ser intimidantes y se conviertan en un factor de empoderamiento. Multiplica todo eso y obtendrás aceleración en todos los niveles de la organización. Los ejecutivos toman decisiones más rápidas y con mayor confianza. Los gerentes ven una adopción más fluida y menos "atajos". Los especialistas dejan de reinventar la rueda y comienzan a aportar valor desde el primer momento.

Cuando combinas la gobernanza, la gestión del cambio y la fluency,
no se trata simplemente de sumar una a la otra.
Multiplican el impacto entre sí.

Piénsalo como una carrera de relevos. Si la gobernanza corre su tramo, pero entrega el testigo a una iniciativa de gestión del cambio mal diseñada, el equipo tropieza. Si el cambio avanza, pero la fluency no ha preparado a los corredores, el testigo se cae. Sin embargo, cuando las tres están entrenadas, coordinadas y alineadas, el testigo pasa de mano en mano sin fricción, y todo el equipo cruza la línea de meta junto. Por eso esto es más que una suma. Es una multiplicación. Es al cubo.

Desmitificando los Mitos de los Catalizadores de Datos

Por supuesto, cuando se habla de gobernanza, cambio y literacy como aceleradores, algunas personas ponen los ojos en blanco. Enfrentemos esos mitos de frente. El primero es el mito de que la gobernanza frena las cosas. Eso puede ser cierto en enfoques tradicionales y pesados. Pero en un modelo no invasivo, la gobernanza consiste en aclarar roles y expectativas para que las personas puedan trabajar más rápido, no más lento. Elimina las interminables dudas sobre "qué datos son los correctos" y ofrece un camino claro hacia resultados confiables.

En segundo lugar, está el mito de que la fluency, y también la literacy, se reducen simplemente a capacitación. Pregunta a cualquiera que haya pasado por una sesión de capacitación obligatoria y haya olvidado todo antes de la hora de la comida, y te lo confirmará: la capacitación por sí sola no cambia comportamientos. La literacy tiene que ver con fluency. Se trata de dotar a las personas de la capacidad para pensar, cuestionar y actuar con datos de forma tan natural como se comunican en su propio idioma. Cuando las organizaciones invierten en fluency, dejan de tratar los datos como el problema de alguien más y comienzan a integrarlos en su propia toma de decisiones.

Y, por último, está el mito de que el cambio es opcional. Muchos ejecutivos aún creen que basta con desplegar una herramienta o una política para que las personas "se suban al barco". La experiencia dice lo contrario. La resistencia es una respuesta humana natural, e ignorarla solo garantiza que se agrave. La gestión del cambio efectiva no consiste en forzar el cumplimiento; consiste en aprovechar la resistencia como retroalimentación, ajustar los enfoques y dar a las personas sentido de pertenencia sobre el proceso. El cambio no es un extra opcional. Es la disciplina que hace que todo lo demás se mantenga en el tiempo.

***La gobernanza** no tiene que significar burocracia.*
***La fluency** no tiene que significar manuales de capacitación.*
***El cambio** no tiene que significar tensión.*

Por Qué es Importante la Chispa

Las organizaciones hoy enfrentan una presión como nunca habíamos visto. Desde la disrupción hasta la IA, desde la pérdida de confianza hasta la fatiga por la resistencia, el entorno es impredecible e implacable. Para encender el catalizador, primero es necesario comprender por qué la chispa es tan crucial en este momento. Estas razones proporcionan a los especialistas del gobierno de datos el combustible que necesitan para posicionar la gobernanza, la gestión del cambio y la fluency como aceleradores esenciales, no como opcionales.

- **Disrupción constante:** Las organizaciones ya no operan en ciclos predecibles. La disrupción llega desde todas direcciones: crisis en la cadena de suministro, cambios tecnológicos acelerados, eventos geopolíticos y variaciones repentinas en el comportamiento del consumidor. Para un especialista del gobierno de datos, esta imprevisibilidad significa que los enfoques tradicionales y rígidos de gobernanza ya no funcionan. Se necesita una chispa para que la gobernanza se perciba como una herramienta de agilidad, no de rigidez. Cuando la gobernanza, la gestión del cambio y la fluency se combinan, proporcionan una fuerza estabilizadora en tiempos caóticos: un catalizador que ayuda al negocio a pivotar sin perder la confianza en sus datos.

- **La IA avanzando más rápido que el control:** La inteligencia artificial ha pasado de la experimentación a la ejecución a una velocidad que ha tomado por sorpresa a muchos líderes. Se están desplegando modelos sin una gobernanza adecuada sobre los datos que los alimentan. La chispa es necesaria para recordar a los ejecutivos que la IA no puede ser confiable sin datos gobernados, y que los especialistas deben actuar tanto como voces de cautela como de aceleración. En este contexto, la gobernanza no frena la innovación; garantiza que la innovación sea sostenible. Sin la chispa, las organizaciones corren el riesgo de avanzar más rápido directo hacia el riesgo.

- **Erosión de la confianza en los datos:** La confianza en los datos sigue siendo una de las mayores barreras para convertirse en data-driven. Los ejecutivos dudan de los *dashboards* (tableros de control). Los gerentes cuestionan reportes contradictorios. Los especialistas luchan con sistemas que no se alinean. La chispa es necesaria porque la fatiga y el escepticismo son reales. Las personas quieren confiar en los datos, pero se han visto defraudadas demasiadas veces. Al encender el catalizador, se replantea la gobernanza como el camino de regreso a la confianza, no mediante imposiciones de arriba hacia abajo, sino integrando accountability y fluency en el trabajo cotidiano. La confianza no se construye de la noche a la mañana, pero sin la chispa, puede que nunca se reconstruya.

- **La velocidad de decisión supera a la gobernanza:** El ritmo de la toma de decisiones se ha acelerado. Los líderes están bajo presión para decidir más rápido que nunca, en algunos casos en tiempo real. Sin embargo, la gobernanza no siempre ha seguido ese ritmo. La chispa es necesaria para alinear las prácticas de gobernanza con la velocidad moderna de decisión. Para los especialistas, esto implica asegurar que las definiciones, la stewardship y la literacy estén integradas en los flujos de trabajo, de modo que la gobernanza esté "en el flujo" de las decisiones y no rezagada detrás de ellas. Para los ejecutivos, significa la tranquilidad de saber que más rápido no tiene por qué ser más riesgoso.

- **Fatiga por la resistencia:** Toda organización ha experimentado la "fatiga por iniciativas": demasiados proyectos, demasiados cambios, demasiadas promesas que nunca se cumplieron. La resistencia es natural, pero la fatiga es peligrosa porque puede derivar en desconexión. La chispa es necesaria para reencender la energía, replanteando la gobernanza no como una iniciativa más, sino como un acelerador de las prioridades existentes. Para los especialistas, esto implica demostrar valor de forma rápida y visible. Para los ejecutivos, implica exigir evidencia de que la gobernanza acelera las cosas en lugar de añadir carga. La chispa combate la fatiga al mostrar que la gobernanza es parte de la solución, no otro problema más.

Formas de Encender el Catalizador

Artefactos que Conviene Desarrollar

Si bien encender el catalizador comienza con una cuestión de mentalidad, rápidamente se convierte en una realidad cuando se apoya en herramientas y artefactos prácticos que los especialistas pueden construir y utilizar. Estos artefactos traducen las ideas en acción, otorgando a la gobernanza, la gestión del cambio y la fluency una presencia tangible dentro de la organización. La siguiente lista —y otras listas similares que se presentan a lo largo del libro— destaca ejemplos de artefactos, uno de los cuales se detalla en la Guía Práctica, que pueden servir potencialmente como aceleradores, ayudando a reducir la resistencia, integrar la accountability y difundir la fluency de formas visibles, utilizables y repetibles.

1. *Checklist* para Alinear la Chispa del Catalizador de Datos[3]

La primera herramienta que los especialistas pueden construir es un **Checklist para Alinear la Chispa del Catalizador de Datos**[3]: una lista breve y repetible de acciones que permite validar si la gobernanza, el cambio y la fluency se están activando dentro de un proyecto o iniciativa. Este checklist podría incluir elementos como: ¿se han definido claramente los roles de gobernanza?, ¿se ha reconocido y abordado la resistencia?, ¿se han evaluado y cubierto las necesidades de literacy?, ¿es la chispa visible tanto para los ejecutivos como para los especialistas?

El valor del checklist reside en su simplicidad. Toma una idea amplia y conceptual —“encender la chispa”— y la convierte en una herramienta práctica que los especialistas pueden utilizar en talleres, reuniones o en la planificación de proyectos. Cuando se completa de manera consistente, demuestra avance y genera confianza en que la chispa no es solo teoría, sino algo tangible y visible.

Consulta cómo desarrollar y utilizar este artefacto en la Guía Práctica al final del libro.

2. Narrativa de Comunicación y Desmitificación

La resistencia suele surgir a partir de malentendidos: "la gobernanza nos frena", "la gestión del cambio es puro teatro" o "la data fluency es solo capacitación". Los especialistas pueden crear una **Narrativa de Comunicación y Desmitificación**. Este plan estructurado de comunicación identifica los mitos más comunes sobre la gobernanza, el cambio y la fluency, y los acompaña de replanteamientos claros y positivos, alineados con la perspectiva del Catalizador de Datos³.

Este entregable se convierte en una poderosa herramienta de comunicación para ejecutivos y gerentes que necesitan llevar el mensaje hacia arriba y hacia afuera en la organización. Les proporciona historias simples y repetibles que desafían las narrativas antiguas y encienden nuevas. Cuando estos mensajes replanteados se comparten de manera consistente, cambian la percepción y despiertan curiosidad en lugar de escepticismo.

3. Plan de Comunicación de la Chispa

Un **Plan de Comunicación de la Chispa** es una hoja de ruta ligera sobre cómo hablar del Catalizador de Datos³ dentro de una organización. Define quiénes necesitan escuchar el mensaje (ejecutivos, gerentes, especialistas), qué necesitan escuchar (valor, eficiencia, confianza) y cuándo necesitan escucharlo (lanzamiento, *quick wins*, hitos). El plan garantiza que la comunicación sea consistente y catalizadora, en lugar de improvisada.

Para los especialistas, este plan es crítico porque evita que la chispa se convierta en un momento único de "*kickoff*" que se desvanece rápidamente. En su lugar, institucionaliza la comunicación como parte integral de la propia chispa. Una comunicación regular, dirigida y reforzada crea impulso y mantiene viva la chispa en todos los niveles de la organización.

4. Modelo de Multiplicación del Catalizador de Datos³

Una de las formas más convincentes de ilustrar la chispa es a través de un **Modelo de Multiplicación del Catalizador de Datos³**: un diagrama u esquema sencillo que muestra cómo la gobernanza, la gestión del cambio y la fluency se combinan no de manera aditiva, sino multiplicativa. El modelo puede resaltar el valor de cada disciplina por separado y, a continuación, mostrar el impacto exponencial que se genera cuando se combinan.

Este modelo ayuda a los especialistas a traducir un concepto complejo en una representación visual o narrativa que ejecutivos y gerentes pueden comprender rápidamente. Demuestra que la gobernanza por sí sola puede estancarse, que la gestión del cambio sin gobernanza puede diluirse y que la fluency y la literacy sin estructura pueden generar confusión; pero cuando se integran al cubo, aceleran el progreso y la generación de valor. Este modelo puede servir tanto como herramienta de enseñanza como punto de encuentro para encender la chispa.

Acciones a Seguir

La idea de un catalizador solo tiene sentido si genera movimiento. El Catalizador de Datos³ no es teoría por el simple hecho de serlo: trata de multiplicación, aceleración e impulso. En el momento en que comienzas a combinar la gobernanza, la gestión del cambio y la fluency, dejas de añadir valor de forma lineal y empiezas a multiplicarlo de manera exponencial. Pero para sentir esa multiplicación, primero debes encender la chispa.

Esa chispa suele comenzar con un replanteamiento. Si tus colegas creen que la gobernanza frena las cosas, que la literacy es solo capacitación o que el cambio es opcional, esos mitos deben ser cuestionados. Encender el catalizador implica introducir un nuevo lenguaje, nuevas historias y evidencias que demuestren que la gobernanza puede ser rápida, atractiva y valiosa.

Ejecutivos, gerentes y especialistas pueden desempeñar este papel. Los ejecutivos pueden exigir aceleración, no solo cumplimiento. Los gerentes pueden probar pequeños experimentos que demuestren que la gobernanza ahorra tiempo. Los especialistas pueden señalar y celebrar los logros en los que la gobernanza ha facilitado su trabajo. Cada vez que enciendes una chispa, haces que sea más fácil que la siguiente llama prenda.

La elección es simple: seguir luchando contra la fatiga o encender el catalizador. Una vez que la chispa es visible, el impulso se propaga. Y cuando el impulso se propaga, el cubo cobra vida.

Pasos Inmediatos Para la Acción

1. Identifica y desmiente un mito sobre la gobernanza, el cambio o la fluency dentro de tu organización.

2. Comparte una historia que replantee la gobernanza o la fluency como un acelerador, no como un obstáculo.

3. Pilota un cambio pequeño que demuestre que la gobernanza ahorra tiempo o reduce la fricción.

4. Facilita una breve conversación con tu equipo sobre cómo la resistencia puede replantearse como energía.

5. Crea una representación visual simple y fácil de compartir (incluso en un pizarrón) que ilustre el efecto multiplicador de gobernanza × cambio × fluency.

Dos

Gobierno de Datos como Catalizador

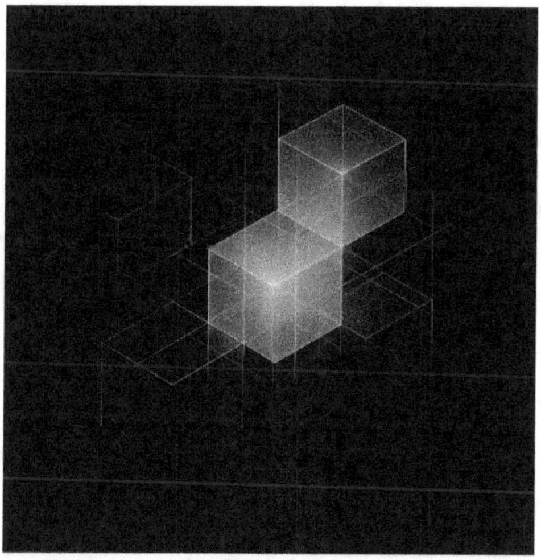

Parte A: Teoría

Gobernanza Sin Ataduras

Durante años, la gobernanza ha sido retratada como el equivalente corporativo de unas esposas: un conjunto de reglas rígidas diseñadas para evitar que las personas se salgan de la línea. Esa imagen es poderosa, pero también es incorrecta. Cuando la gobernanza se trata como ataduras, las personas se resisten. Buscan atajos. Retrasan la adopción.

Crean silenciosamente sistemas en la sombra que socavan la confianza e introducen riesgo. Y entonces, irónicamente, los mismos líderes que pensaban que la gobernanza traería orden terminan enfrentándose incluso a más caos.

El enfoque de Non-Invasive Data Governance cambia esa realidad. En lugar de imponer nuevas responsabilidades, reconoce que las personas ya están gobernando los datos en su trabajo diario —lo admitan o no—. Los ejecutivos toman decisiones estratégicas basadas en dashboards. Los gerentes reconcilian reportes. Los especialistas definen, crean y utilizan datos de maneras que impactan a todo el negocio. El error "invasivo" que cometen muchas organizaciones es intentar añadir la gobernanza por encima de esta realidad. La jugada más inteligente es encontrarse con las personas donde ya están y formalizar la accountability que ya están demostrando.

Para los ejecutivos, esto significa que la gobernanza no se percibe como otra iniciativa más compitiendo por presupuesto. Se convierte en el habilitador que permite que la IA, la analítica y la transformación tengan éxito. Para los gerentes, significa que la gobernanza no es una función de vigilancia; es un marco que ayuda a sus equipos a trabajar más rápido y a evitar retrabajos. Para los especialistas, significa que la gobernanza no es una interrupción de su trabajo; está integrada en su trabajo. Esto es gobernanza sin ataduras: liberadora, no restrictiva.

Cuando la mayoría de las personas escucha las palabras gobierno de datos, de inmediato imagina restricciones, burocracia y más obstáculos en su camino. El enfoque no invasivo da la vuelta a esa percepción al demostrar que la gobernanza, cuando se implementa de forma consciente, tiene que ver con claridad, aceleración y alineación, y no con ataduras. La Tabla 1 ayuda a clarificar este contraste al mostrar cómo la gobernanza puede ser obstructiva o catalizadora, según la forma en que se implemente.

Dimensión	Gobernanza tradicional / invasive	Gobernanza no invasiva (catalizadora)
Accountability	Asignada, a menudo resistida	Reconocida, basada en roles, aceptada

Adopción	Impuesta, orientada al cumplimiento	Integrada, natural, autosostenible
Percepción	Carga adicional, frena los proyectos	Habilitador, acelera las decisiones
Integración	Superpuesta, disruptiva	Integrada, no disruptiva
Valor	Difícil de demostrar, abstracto	Visible a través de métricas y logros

Tabla 1: Comparación de la Implementación de la Gobernanza Invasiva Versus No Invasiva

Accountability por Encima de la Autoridad

La diferencia entre accountability y autoridad puede parecer sutil, pero está en el corazón de por qué tantos programas de gobernanza fracasan. La autoridad se apoya en la imposición: alguien en la cima declara "así serán las cosas" y espera que el cumplimiento ocurra automáticamente. La accountability, en cambio, tiene que ver con asumir la responsabilidad de tu rol al definir, producir y utilizar los datos de manera responsable. Se trata menos de hacer cumplir reglas y más de reforzar responsabilidades que ya existen.

A los ejecutivos no es necesario decirles que son *accountable* por las decisiones que toman con datos, pero sí necesitan visibilidad sobre si los datos que sustentan esas decisiones pueden ser confiables. Los gerentes no necesitan recibir una lista de nuevas reglas, pero sí requieren claridad sobre quién es responsable cuando las métricas no cuadran. Los especialistas no necesitan ser microgestionados, pero sí necesitan confianza en que las definiciones y los estándares en los que se apoyan sean consistentes en toda la organización.

Cuando la accountability se convierte en el foco, las personas dejan de sentir que la gobernanza se les está "imponiendo"

La autoridad genera fricción. La accountability genera alineación. En un mundo donde la velocidad importa, la alineación gana siempre.

La Confianza como el Verdadero Producto de la Gobernanza

Las organizaciones suelen medir la gobernanza por el número de políticas redactadas, la cantidad de stewards asignados o el volumen de incidencias registradas. Estas métricas tienen su lugar, pero pasan por alto el contexto más amplio. El verdadero resultado de la gobernanza no son los documentos ni los dashboards. Es la confianza. Los ejecutivos necesitan confiar en que los modelos de IA en los que invierten no colapsarán por datos deficientes. Los gerentes necesitan confiar en que, cuando sus equipos entregan cifras, esas cifras no serán contradichas dos diapositivas después. Los especialistas necesitan confiar en que, cuando levantan la mano para señalar un problema de calidad de datos, alguien escuchará y actuará. Sin confianza, la gobernanza degenera en burocracia. Con confianza, la gobernanza se convierte en un catalizador de innovación y velocidad.

La confianza también se propaga rápidamente. Cuando una parte de la organización ve que la gobernanza funciona —que las definiciones son claras, que los problemas se resuelven y que la calidad mejora— se genera un impulso que se extiende de manera natural. Por eso la gobernanza no invasiva no se centra en la autoridad, sino en cultivar la confianza. En última instancia, la confianza es lo que impulsa la adopción, sostiene el cambio y abre la puerta para que la innovación prospere.

Parte B: Práctica y Playbook

Integrando la Gobernanza en el Trabajo Diario

La forma más rápida de matar una iniciativa de gobernanza es hacer que se sienta como una capa adicional de trabajo. Las personas ya están lo suficientemente ocupadas, y "más tareas" nunca será un argumento convincente. La clave está en integrar la gobernanza directamente en los procesos que las personas ya siguen. Esto puede implicar vincular las definiciones de datos a las plantillas de proyectos, para que los equipos no tengan que salir a buscarlas. También puede incluir integrar los roles de stewardship en los flujos de trabajo existentes, en lugar de crear reuniones nuevas. Puede suponer aprovechar los sistemas en los que las personas ya confían —como plataformas de colaboración, catálogos y herramientas de reporte— para hacer visible la gobernanza en contexto. Para los ejecutivos, integrar la gobernanza implica asegurarse de que los procesos de gobernanza formen parte de los ciclos de toma de decisiones estratégicas, en lugar de añadirse como una ocurrencia tardía. Para los gerentes, significa que los puntos de control de gobernanza estén integrados en el ciclo de vida de los proyectos, y no incorporados al final. Para los especialistas, significa que la gobernanza esté presente en el punto de uso —en el momento en que definen, producen o consumen datos— de modo que se sienta natural y no forzada.

Cuando la gobernanza está integrada,
deja de percibirse como una actividad de cumplimiento
y comienza a sentirse como memoria muscular.

Construyendo Músculo a través del Stewardship

Piensa en la gobernanza como un programa de entrenamiento para tu organización. No te vuelves más fuerte de la noche a la mañana; desarrollas músculo a través de acciones consistentes y repetidas. El stewardship es la forma en que esos músculos se desarrollan. Pero el stewardship no significa repartir nuevos títulos de puesto ni reclutar una clase completamente nueva de "data stewards". En el enfoque No Invasivo, el stewardship consiste en reconocer y apoyar a las personas que ya tienen una relación directa con los datos. Son quienes saben cómo se definen, cómo se utilizan y dónde se generan inconsistencias.

Los ejecutivos pueden dar el ejemplo de stewardship patrocinando iniciativas y demostrando que se toman la accountability en serio. Los gerentes pueden modelar el stewardship impulsando la consistencia en sus áreas y alentando a sus equipos a sacar los problemas a la luz desde etapas tempranas. Los especialistas pueden modelar el stewardship documentando y compartiendo lo que ya saben sobre los datos, en lugar de mantener ese conocimiento de forma tribal y oculta.

La recompensa llega cuando el stewardship se normaliza. En lugar de que unos pocos stewards "designados" carguen con todo el peso, toda la organización contribuye. Es entonces cuando los músculos de la gobernanza se fortalecen lo suficiente como para soportar el peso de las iniciativas de IA, analítica y transformación sin colapsar.

Midiendo la Aceleración

Si quieres que los ejecutivos inviertan en gobernanza, que los gerentes la prioricen y que los especialistas la adopten, necesitas evidencia de que es efectiva. El truco está en medir la gobernanza no por cuánto frena las cosas, sino por cuánto las acelera. Los ejecutivos quieren ver una reducción del riesgo y una disminución en el *time-to-insight*. Muéstrales que los proyectos alcanzan sus objetivos más rápido porque la gobernanza ha eliminado los debates interminables sobre qué cifras son las "correctas". Los gerentes quieren ver mejoras en la productividad. Muéstrales que se desperdician menos horas conciliando reportes o corrigiendo errores evitables. Los especialistas quieren ver que su trabajo es valorado. Muéstrales que, cuando levantan un problema, este se resuelve de forma rápida y visible, ahorrándoles tiempo a largo plazo.

Las métricas de gobernanza más poderosas no son las que cuentan documentos o roles. Son las que demuestran aceleración. Los proyectos se entregan más rápido. Los insights se confían de manera más amplia. Los modelos de IA funcionan de forma más confiable. Cuando mides esos resultados, la gobernanza deja de verse como un "centro de costos" y pasa a percibirse como un "catalizador". Y una vez que las personas lo ven así, el compromiso se genera por sí solo.

Por qué la Gobernanza Acelera

Los especialistas del gobierno de datos a menudo se encuentran explicando por qué la gobernanza es importante en primer lugar. Esta sección proporciona los argumentos de base: la gobernanza acelera el valor del negocio porque construye accountability, confianza, eficiencia y evidencia. Estos no son beneficios abstractos; son resultados medibles y visibles cuando la gobernanza se practica de manera No Invasiva.

- **Accountability Construye Alineación:** Sin accountability, los datos permanecen fragmentados. Equipos distintos toman decisiones distintas, y los ejecutivos se frustran ante resultados inconsistentes. La accountability no significa autoridad; significa claridad sobre quién es responsable. Para los especialistas, la accountability elimina la confusión sobre la titularidad. Para los gerentes, elimina la duplicación. Para los ejecutivos, alinea a toda la organización para que las decisiones fluyan más rápido y de manera más consistente.
- **La Confianza Desbloquea la Adopción:** Nadie adopta aquello en lo que no confía. Si los ejecutivos dudan de los reportes, retrasan la acción. Si los gerentes cuestionan las métricas, retrasan la entrega. Si los especialistas desconfían de sus herramientas, buscan atajos. La confianza es el acelerador que hace valiosa a la gobernanza. Construir confianza a través de la transparencia y el stewardship garantiza que las personas quieran usar datos gobernados porque saben que no los dejarán mal más adelante.
- **Las Prácticas Integradas Ahorran Tiempo:** La gobernanza añadida al final se percibe como burocracia. La gobernanza integrada en el trabajo diario se siente como memoria muscular. Los especialistas dejan de ver la gobernanza como "trabajo extra" cuando está entretejida en sus flujos de trabajo. Los gerentes valoran menos escalaciones. Los ejecutivos aprecian proyectos más fluidos. Las prácticas integradas no añaden pasos; eliminan el retrabajo, y por eso la gobernanza acelera en lugar de frenar.
- **Stewardship Difunde el Conocimiento:** Las brechas de conocimiento crean cuellos de botella. Cuando solo unas pocas personas entienden las definiciones o reglas de los datos, los proyectos se estancan esperando respuestas. El stewardship difunde ese conocimiento de manera natural, de modo que la

accountability no se concentra, sino que se distribuye. Los especialistas comparten su conocimiento, los gerentes impulsan la claridad y los ejecutivos ven cómo la experiencia se expande en toda la organización. Difundir el stewardship acelera el acceso a las respuestas.

- **Las Métricas Demuestran Valor:** Los ejecutivos financian lo que pueden medir. Los gerentes priorizan lo que pueden seguir. Los especialistas se comprometen con lo que ven que funciona. La gobernanza acelera cuando las métricas prueban su valor: menos errores, proyectos más rápidos y auditorías más fluidas. Estas métricas trasladan la gobernanza de la "teoría" a la "evidencia", asegurando apoyo en todos los niveles.

La teoría solo nos lleva hasta cierto punto; la verdadera prueba de la gobernanza es cómo se manifiesta en la práctica. Tanto los especialistas como los líderes quieren ver cómo los principios de Non-Invasive Data Governance se traducen en el trabajo del día a día. La Tabla 2 ofrece una visión simplificada de dónde puede integrarse la gobernanza directamente en los procesos existentes, demostrando que la gobernanza en acción no frena el trabajo; lo hace más fluido, claro y consistente.

Procesos de Negocio	**Sin Gobernanza Integrada**	**Con NIDG Integrado**
Planificación de proyectos	Titularidad poco clara de los datos, cambios al alcance sin control	Roles definidos, entregables de datos claros
Toma de decisiones	Métricas contradictorias, desconfianza	Fuente única de la verdad, dashboards confiables
Operaciones	Resolución reactiva de problemas	Accountability proactiva, menos escalaciones
Cumplimiento/ Auditoría	Búsqueda apresurada de reportes, brechas	Evidencia lista, riesgo reducido
IA/Analítica	Falla del modelo, exposición a sesgos	Entradas confiables, resultados escalables

Tabla 2: Comparación de Procesos de Negocio: Sin Gobernanza Integrada vs. Con Gobernanza Integrada

Formas de Aplicar la Gobernanza como Catalizador

Artefactos que Conviene Desarrollar

Aplicar la gobernanza como catalizador implica ir más allá de la teoría e integrarla directamente en la forma en que se realiza el trabajo. Para hacer este cambio de manera práctica, los especialistas pueden crear artefactos simples pero poderosos que aclaren la accountability, refuercen la confianza y muestren valor rápidamente. Estos artefactos proporcionan estructura sin añadir una carga innecesaria, haciendo que la gobernanza se perciba como un habilitador y no como un obstáculo. La siguiente lista destaca ejemplos de artefactos que pueden dar vida a la gobernanza de forma visible y accionable.

1. Matriz de Alineación de Accountability

Una de las herramientas más útiles que puede crear un especialista es una **Matriz de Alineación de Accountability**. Esta plantilla sencilla mapea los dominios de datos o procesos de datos frente a los roles que ya son accountable por ellos. En lugar de asignar nuevas responsabilidades, la matriz resalta dónde ya existe la accountability y la hace explícita. Al hacerlo, aclara confusiones, reduce duplicaciones y facilita que ejecutivos y gerentes determinen dónde recae la responsabilidad.

El valor de este entregable radica en reforzar el principio de Non-Invasive Data Governance: la gobernanza no requiere nuevos títulos; requiere claridad sobre los que ya existen. Para los especialistas, la matriz se convierte en un artefacto repetible que pueden utilizar para guiar conversaciones con líderes y equipos, demostrando que la gobernanza acelera la alineación en lugar de crear nueva burocracia.

Consulta cómo desarrollar y utilizar este artefacto en la Guía Práctica al final del libro.

---

2. Playbook para Construir Confianza

Ejecutivos, gerentes y especialistas suelen enfrentar el mismo problema: la falta de confianza en los datos. Un **Playbook para Construir Confianza** proporciona un conjunto estructurado de prácticas para identificar dónde se erosiona la confianza (por ejemplo, reportes contradictorios, definiciones inconsistentes, insumos de baja calidad) y define los pasos para restaurarla. Este playbook puede incluir acciones de quick wins, como alinearse en una única definición de un término crítico, documentar el linaje de datos o resolver de forma transparente un problema recurrente de calidad.

Al crear y socializar este playbook, los especialistas pueden demostrar que la confianza no se reconstruye con discursos; se reconstruye mediante acciones consistentes. El playbook se convierte en un documento vivo que puede actualizarse con el tiempo y que ofrece a los líderes una narrativa clara: la gobernanza no nos frena; es el acelerador para reconstruir la credibilidad y la confianza en la toma de decisiones.

3. Guía de Flujos de Trabajo con Gobernanza Integrada

Una de las formas más poderosas de acelerar la gobernanza es hacerla invisible. Los especialistas pueden desarrollar una **Guía de Flujos de Trabajo con Gobernanza Integrada**: un esquema práctico de cómo la gobernanza puede integrarse directamente en los procesos de negocio existentes, los ciclos de vida de los proyectos o los flujos de trabajo de los sistemas. En lugar de crear pasos nuevos, la guía muestra cómo los puntos de control de gobernanza (definiciones, stewardship, validación) pueden superponerse a lo que las personas ya hacen.

Esta guía es valiosa porque transforma la gobernanza de "algo adicional" en "la forma en que trabajamos". Los gerentes experimentan menos escalaciones, los especialistas enfrentan menos conflictos y los ejecutivos logran resultados más fluidos. Para los especialistas, la guía se convierte en una herramienta repetible que pueden adaptar a múltiples equipos, demostrando que integrar la gobernanza ahorra tiempo en lugar de consumirlo.

4. Narrativa del Rol de Stewardship

Con demasiada frecuencia, el stewardship se malinterpreta como un título en lugar de una responsabilidad. Una **Narrativa del Rol de Stewardship** proporciona un artefacto de comunicación sencillo que explica qué significa el stewardship en la práctica, cómo ya existe dentro de los roles actuales y por qué acelera el acceso a respuestas y difunde el conocimiento. Esta narrativa puede presentarse como un breve documento explicativo, un conjunto de puntos clave para conversación o incluso una historia de una sola página que muestre el stewardship en acción.

La importancia de esta narrativa radica en su capacidad para replantear el stewardship como algo empoderador y no como una carga. Los especialistas pueden utilizarla para involucrar a colegas que quizá no se dan cuenta de que ya están actuando como stewards. Los ejecutivos y gerentes pueden emplearla para reforzar el valor del stewardship sin amenazar a las personas con nuevos títulos o responsabilidades. Esta narrativa hace que el stewardship sea práctico, cercano y no invasivo.

5. Esquema del Dashboard de Métricas de Gobernanza

Los ejecutivos solo sostendrán su apoyo a la gobernanza si pueden ver evidencia de su valor. Un **Esquema del Dashboard de Métricas de Gobernanza** proporciona a los especialistas un punto de partida estructurado para dar seguimiento a los indicadores correctos, incluidos la reducción de retrabajo, la entrega más rápida de proyectos, auditorías más fluidas, mayores niveles de confianza y la adopción de activos de datos gobernados. El esquema no necesita ser una herramienta completamente desarrollada; puede ser simplemente un modelo de qué medir y por qué.

Este entregable es poderoso porque vincula la gobernanza con resultados que importan al liderazgo. Cuando los ejecutivos ven métricas, pasan de preguntarse "¿por qué necesitamos gobernanza?" a preguntar "¿cómo obtenemos más de esto?". Los especialistas que desarrollan un esquema de métricas posicionan la gobernanza como una aceleración medible, no como un cumplimiento abstracto. Se convierte en la prueba de que vale la pena invertir en la gobernanza.

Acciones a Seguir

La gobernanza sin ataduras, construida sobre accountability y confianza, es más que un marco: es una forma de trabajar. Has visto cómo Non-Invasive Data Governance se encuentra con las personas donde ya están, integrando el stewardship en los roles existentes y garantizando que la confianza sea el verdadero producto. Pero el conocimiento sin acción se desperdicia. Aquí es donde la teoría se convierte en práctica.

No pienses en la gobernanza como un proyecto con inicio y fin. Piénsala como el desarrollo de músculo: acciones pequeñas y consistentes que se fortalecen con el tiempo. Cada vez que aclaras una definición, integras el stewardship en los flujos de trabajo diarios o resuelves un problema de forma transparente, fortaleces el músculo de la gobernanza. Cuanto más fuerte se vuelve, más rápido se mueve la organización.

La confianza se gana, no se declara. Si quieres que los ejecutivos inviertan, que los gerentes apoyen y que los especialistas participen, necesitas pruebas de que la gobernanza acelera los resultados. Muestra cómo los proyectos avanzan más rápido, las auditorías se desarrollan con mayor fluidez y los reportes generan mayor confianza cuando la gobernanza está integrada. Esas historias sostienen el impulso.

Intégrala, mídela, celébrala —
y transformarás la gobernanza de
una obligación en una ventaja competitiva.

Pasos Inmediatos Para la Acción

1. Identifica un proceso en el que la gobernanza pueda integrarse en los flujos de trabajo existentes.

2. Reconoce y apoya al menos a una persona que ya esté actuando como data steward en la práctica.

3. Define una métrica que demuestre que la gobernanza acelera (por ejemplo, menor retrabajo, reportes más rápidos).

4. Comparte una historia de éxito de gobernanza con la alta dirección que destaque la confianza, no el cumplimiento.

5. Establece un método repetible para registrar y resolver problemas de datos de forma transparente.

TRES

Gestión del Cambio como Catalizador

Parte A: Teoría

Cambio sin Drama

La sola mención de la "gestión del cambio" puede provocar suspiros casi tan fuertes como los de "gobierno de datos". La gente imagina interminables presentaciones, consultores instalados en salas de juntas y un entusiasmo forzado por iniciativas que, unos meses después, se desvanecen silenciosamente. No ayuda que muchos programas de cambio del pasado se hayan implementado como eventos aislados en lugar de procesos continuos, prometiendo transformación pero entregando disrupción.

El drama surge cuando las personas sienten que las cosas se les están haciendo ***a*** *ellas, en lugar de hacerse* ***con*** *ellas.*

Ese drama puede descarrilar incluso las mejores estrategias técnicas antes de que logren tracción.

Pero la verdadera gestión del cambio, especialmente cuando se aplica a los datos y la gobernanza, no trata de hype ni de teatralidad. Se trata de reducir cuidadosamente la incertidumbre, crear claridad y marcar un ritmo de avance que las personas puedan asimilar. Una gestión del cambio efectiva reconoce que cada cambio —desde una nueva herramienta de IA hasta una nueva forma de definir métricas— desafía hábitos que pueden haberse construido durante años. Un cambio sin drama consiste en reconocer esta realidad y diseñar caminos que respeten la capacidad de las personas para adaptarse sin abrumarlas.

Los ejecutivos deberían ver la gestión del cambio no como una partida opcional, sino como un seguro para sus inversiones. Los millones invertidos en plataformas, analítica e IA se desperdician si las personas se resisten a la adopción o regresan a las formas de trabajo anteriores. Los gerentes deberían ver el cambio como una habilidad de liderazgo, no como una carga de proyecto: guiar a sus equipos a través de la incertidumbre con consistencia y paciencia. Los especialistas deberían percibir el cambio como una oportunidad para dar forma al futuro de su propio trabajo, en lugar de algo impuesto por externos.

El cambio suele tener mala reputación porque se asocia con resistencia, confusión y drama. Pero el cambio no tiene por qué sentirse como una sacudida: cuando se gestiona de manera deliberada, puede ser un proceso fluido que guíe a las personas en lugar de abrumarlas. El enfoque No Invasivo de la gestión del cambio trata la resistencia como información, la adopción como un proceso psicológico y el progreso como una serie de logros alcanzables. La Tabla 3 contrasta cómo los enfoques tradicionales suelen generar drama frente a cómo el Catalizador de Datos³ replantea el cambio para acelerar la adopción.

Dimensión	Cambio Tradicional (Con drama)	Cambio Catalizador³ (Sin drama)
Resistencia	Vista como un incumplimiento	Tratada como información sobre prioridades
Adopción	Impuesta, orientada al cumplimiento	Basada en sentido de pertenencia y equidad
Impulso	Lanzamientos tipo *big bang*, frágiles	Construido a partir de pequeños logros, sostenible
Liderazgo	Un solo patrocinador, enfoque de arriba hacia abajo	*Champions* distribuidos en todos los niveles
Comunicación	Cargada de políticas, impersonal	Basada en historias, centrada en las personas

Tabla 3: Comparación de la Implementación de la Gestión del Cambio Con y Sin Drama

Cuando la gestión del cambio cambia su enfoque del drama a habilitar a las personas, se convierte en la fortaleza silenciosa de los programas de gobernanza. Garantiza que las nuevas prácticas no se apaguen como iniciativas pasajeras, sino que se conviertan en partes naturales del funcionamiento de la organización. Esa fortaleza discreta es la razón por la que la gestión del cambio es el aliado secreto de la gobernanza: un socio que no busca el protagonismo, pero que se asegura de que el espectáculo continúe.

La Resistencia es Energía de Datos

La resistencia al cambio suele presentarse como terquedad, pereza o desafío. En realidad, la resistencia es energía: personas a las que les importa lo suficiente como para cuestionar, empujar y expresar sus preocupaciones. La indiferencia es el verdadero enemigo, porque cuando a la gente deja de importarle, deja de involucrarse por completo. La resistencia, en cambio, indica dónde la organización experimenta tensión, confusión o riesgo. Y la tensión es valiosa: señala dónde los líderes deben enfocar su atención.

Los ejecutivos a menudo interpretan la resistencia como un fracaso, asumiendo que, si las personas no se suman de inmediato, la iniciativa debe estar mal planteada. En lugar de eso, deberían verla como bucles de retroalimentación que destacan lo que más importa a sus equipos. Si los gerentes escuchan objeciones, no es una señal para apretar el control; es una señal para escuchar con mayor atención y clarificar los beneficios. Para los especialistas, la resistencia puede ser un instinto de protección frente a la sobrecarga de trabajo o a procesos mal diseñados. Validar estos instintos genera credibilidad, incluso antes de que comience la resolución.

Canalizar la resistencia requiere empatía y estructura: los líderes que invitan a la retroalimentación y ajustan en consecuencia convierten a los escépticos en aliados. Los gerentes que reconocen la disrupción y, al mismo tiempo, muestran el beneficio final, ganan confianza más rápido que quienes descartan las preocupaciones. Los especialistas que se sienten escuchados se convierten en promotores, no en críticos. Al encuadrar la resistencia como energía, las organizaciones pueden utilizarla como combustible para mejorar la adopción, en lugar de tratarla como una barrera que hay que eliminar.

La diferencia entre el impulso y el estancamiento suele estar en cómo se maneja la resistencia. Tratada como oposición, genera conflicto. Tratada como energía, impulsa la gobernanza hacia adelante, haciendo que la adopción sea más sólida y duradera. En el mundo del gobierno de datos, donde la claridad y la confianza ya se ganan con esfuerzo, aprovechar la resistencia de forma efectiva puede marcar la diferencia entre otro despliegue fallido y un cambio cultural sostenible.

La Psicología de la Adopción de Datos

La adopción no se trata solo de reglas e incentivos; se trata de psicología. Las personas no adoptan nuevas formas de trabajar porque alguien se los ordene. Las adoptan porque el cambio se alinea con su sentido de identidad, competencia y control. Si las iniciativas de gobernanza o literacy hacen que las personas se sientan menos competentes, menos autónomas o valoradas, la resistencia se dispara. Si, por el contrario, las hacen sentir más capaces, más conectadas y confiables, la adopción se convierte en una elección natural.

Los ejecutivos necesitan comprender que la adopción a escala no consiste en emitir un mandato. Se trata de contar historias y de predicar con el ejemplo. Cuando los líderes utilizan dashboards gobernados en su propia toma de decisiones y destacan el valor que obtienen de ellos, envían señales que resuenan mucho más profundamente que cualquier memorando. Los gerentes necesitan ser modelos coherentes, reforzando los comportamientos deseados mediante pequeños logros y reconocimiento, en lugar de limitarse a imponer procesos. Los especialistas, por su parte, adoptan con mayor facilidad cuando sienten sentido de pertenencia, cuando ven cómo la adopción de datos hace que su propio trabajo sea más sencillo, más seguro y valorado. La psicología de la adopción también se apoya en la percepción de equidad. Si la gobernanza se percibe como aplicada de manera selectiva —si a algunos equipos se les exigen estándares más altos mientras que a otros se les da carta blanca—, la adopción se derrumba. Las personas deben reconocer que los cambios son universales y que nadie está exento de los principios que se están promoviendo.

La equidad, la transparencia y la accountability visible contribuyen a generar la sensación de que la adopción no solo es posible, sino esperada.

Cuando la adopción se convierte en parte de la identidad de la organización, la gobernanza deja de sentirse como una carga. Se siente como cultura. Y una vez que es un tema cultural, la resistencia psicológica se desvanece. Las personas no cumplen solo porque tienen que hacerlo. Adoptan la gobernanza porque encaja con la forma en que ya conciben su trabajo y la misión de su organización.

Parte B: Práctica y Playbook

Microcambios, Macroresultados

Los despliegues tipo big bang son el cementerio de las iniciativas de gobernanza. Abruman, confunden y generan rechazo antes de que los beneficios puedan afianzarse. El camino más inteligente es implementar microcambios: ajustes específicos que las personas pueden asimilar, adoptar y normalizar rápidamente. Con el tiempo, estos microcambios se acumulan y dan lugar a una transformación significativa, pero sin el impacto brusco que descarrila la adopción. Los ejecutivos pueden modelar este enfoque pilotando prácticas de gobernanza en un área del negocio y celebrando logros visibles antes de expandirlas. Los gerentes pueden implementar microcambios en la forma en que se conducen las reuniones, se reportan las métricas o se comparten las definiciones. Los especialistas pueden introducir microcambios en cómo registran incidencias, documentan conocimiento o utilizan las herramientas que ya tienen a su disposición. Cada pequeño paso genera confianza y reduce el temor de que la gobernanza implique una sacudida masiva.

La belleza de los microcambios está en su efecto acumulativo. Cada paso exitoso refuerza la credibilidad de la iniciativa en su conjunto. La resistencia disminuye, la confianza aumenta y el impulso se construye de manera natural. Lo que antes se sentía como "un proyecto más" empieza a percibirse como una parte integrada de la forma en que trabaja la organización.

Los macroresultados —entregas de proyectos más rápidas, modelos de IA confiables y menor riesgo de cumplimiento— terminan siendo innegables. Pero no llegaron por forzar a la organización a dar un salto de una sola vez. Llegaron por avanzar de manera constante y deliberada, paso a paso, con pequeños avances sostenidos.

Integrando Líderes de Cambio

El cambio no escala gracias a un único patrocinador ejecutivo o a un equipo central de gobernanza. Escala porque los líderes están integrados en toda la organización: champions que llevan el mensaje, modelan los comportamientos e influyen en sus pares de maneras que los memorandos corporativos nunca logran. Estos líderes integrados crean credibilidad al vivir el cambio en su trabajo diario.

Los ejecutivos deberían invertir en identificar a estos champions, no como títulos formales, sino como voces confiables en cada dominio. Los gerentes deberían impulsarlos brindándoles reconocimiento, recursos y espacios para compartir sus éxitos. A los especialistas se les debería alentar a asumir el liderazgo de manera informal, mostrando a sus colegas cómo pequeños cambios mejoran los resultados sin esperar permiso desde arriba.

Integrar líderes de cambio también genera resiliencia. Cuando el liderazgo se renueva, los presupuestos se ajustan o las prioridades cambian, los champions integrados mantienen el impulso. Su influencia no depende de los organigramas; depende de las relaciones, la confianza y la credibilidad cotidiana de sus acciones.

Cuando los líderes de cambio son visibles y están distribuidos, la gobernanza deja de ser un impulso centralizado y se convierte más en un movimiento de base.

La teoría es esencial, pero en última instancia los líderes y los especialistas quieren saber cómo se ve el cambio cuando se vive en el día a día. En la práctica, la gestión del cambio como catalizador implica integrar la adopción en los flujos de trabajo, no tratarla como una iniciativa separada. Se centra en microéxitos, narrativas y liderazgo distribuido que hacen que la gobernanza y literacy formen parte del ADN de la organización. La Tabla 4 ilustra cómo el cambio puede integrarse en las prácticas organizacionales estándar para reducir la resistencia y acelerar los resultados.

Área de Práctica	Sin Gestión del Cambio	Con Cambio Catalizador³ Integrado
Despliegues de Proyectos	Personal tomado por sorpresa, resistencia	Involucramiento temprano, expectativas claras
Adopción de la Gobernanza	Vista como una carga adicional	Integrada en los roles, ajuste natural
Capacitación y Aprendizaje	Sesiones aisladas, fáciles de olvidar	Continuos, vinculados al trabajo diario
Participación del liderazgo	Ausente salvo en el lanzamiento	Refuerzo continuo por parte de champions
Alineación Cultural	Fragmentada, escéptica	Historias compartidas, sentido de pertenencia colectivo

Tabla 4: Comparación de Prácticas Organizacionales Sin Gestión del Cambio vs. con Catalizador³ integrado

Storytelling del Cambio

El gobierno de datos vive y muere según las historias que las personas cuentan. Si la historia es "esto nos está frenando", la adopción se estanca. Si la historia es "esto nos ayudó a evitar un desastre", la adopción florece. El storytelling no es relleno: es el mecanismo mediante el cual iniciativas abstractas se vuelven tangibles y relevantes.

Los ejecutivos pueden compartir historias sobre riesgos evitados, oportunidades aprovechadas y confianza ganada gracias a una gobernanza efectiva. Los gerentes pueden contar historias sobre logros de sus equipos: cómo definiciones consistentes ahorraron horas o cómo un reporte gobernado evitó un error costoso. Los especialistas pueden compartir historias sobre frustraciones que se resolvieron o sobre cómo pudieron aportar de forma significativa gracias a un mejor acceso a los datos. Cada historia refuerza por qué la gobernanza y el cambio importan, y cada una genera una onda de motivación que se expande por toda la organización.

Las buenas historias no necesitan ser dramáticas. Necesitan ser cercanas.

Necesitan reflejar el dolor que las personas realmente sienten y el alivio que buscan. Las mejores historias están ancladas en resultados de negocio —pronósticos más precisos, auditorías más fluidas, predicciones de IA más confiables— y se cuentan en un lenguaje que conecta con los usuarios de negocio, no solo con los especialistas de datos.

Cuando las historias circulan ampliamente, normalizan el cambio. Transforman la gobernanza de algo abstracto en algo vivido. Y cuando las personas empiezan a repetir historias sobre el valor de la gobernanza, la marea cultural ha cambiado. El cambio ha echado raíces.

Por Qué Importa la Gestión del Cambio

El cambio no es opcional en el entorno actual de las organizaciones, pero el cambio no gestionado es costoso. La gobernanza solo tiene éxito cuando el cambio se comprende, se respeta y se integra. Estas razones demuestran por qué la gestión del cambio no es una "habilidad blanda", sino una fuerza central para acelerar la adopción de la gobernanza.

- **La Resistencia Revela Prioridades:** La resistencia no es aleatoria; muestra dónde las personas se sienten amenazadas, sobrecargadas o confundidas. En lugar de tratar la resistencia como un fracaso, los especialistas pueden aprovecharla como fuente de insight. Los gerentes pueden responder aclarando el valor. Los ejecutivos pueden ajustar expectativas. La resistencia revela qué es lo que más le importa a la organización, convirtiéndose en un mapa para la adopción.

- **La Adopción Requiere Psicología:** Las personas no cambian porque se les ordene; cambian cuando el cambio tiene sentido para ellas. La adopción requiere comprender la identidad, la equidad y el control. Los especialistas necesitan sentido de pertenencia. Los gerentes necesitan claridad. Los ejecutivos necesitan evidencia. Cuando se respeta la psicología de la adopción, la gobernanza pasa de ser impuesta a ser adoptada.

- **Los Pequeños Logros Construyen Impulso:** Los macrocambios abruman. Los microcambios tranquilizan. Los especialistas ven mejoras rápidas, los gerentes observan avances visibles y los ejecutivos ven resultados medibles. Cada logro construye confianza en que la gobernanza no es solo otra moda. El impulso no se construye con un gran éxito aislado, sino con muchos pequeños.

- **Los Líderes de Cambio Multiplican el Impacto:** Un solo patrocinador ejecutivo no es suficiente. El cambio se sostiene cuando líderes integrados lo impulsan en toda la organización. Los especialistas influyen en sus pares, los gerentes refuerzan comportamientos y los ejecutivos amplifican el mensaje. El liderazgo distribuido multiplica el impacto de los esfuerzos de gobernanza.

- **Las Historias Moldean las Creencias:** Las personas creen más en las historias que en las políticas. Un gerente contando cómo se evitó el retrabajo o un especialista describiendo un problema resuelto conecta más que una presentación de diapositivas. Las historias normalizan el cambio, reducen el escepticismo y generan adhesión cultural. Ejecutivos, gerentes y especialistas deben convertirse en narradores del cambio.

Formas de Aplicar el Cambio como Catalizador

Artefactos que Conviene Desarrollar

Aplicar el cambio como catalizador consiste en hacer que el progreso se sienta alcanzable, sostenible e incluso energizante para las personas involucradas. En lugar de abrumar a los equipos con iniciativas de gran alcance, los especialistas pueden crear artefactos que capturen la resistencia, destaquen pequeños logros y empoderen a champions en toda la organización. Estos artefactos ayudan a transformar la gestión del cambio de un proceso reactivo en un acelerador proactivo, haciendo que la gobernanza y la literacy sean más fáciles de adoptar y sostener. La siguiente lista presenta ejemplos de artefactos que pueden ayudar a integrar el cambio de maneras prácticas y con impacto.

1. Checklist de Insights Sobre la Resistencia

Con frecuencia, los especialistas ven la resistencia como algo que debe eliminarse, cuando en realidad proporciona información valiosa sobre dónde las personas se sienten amenazadas, sobrecargadas o excluidas. Un **Checklist de Insights Sobre la Resistencia** ofrece a los especialistas un enfoque estructurado para documentar la resistencia, categorizarla (por miedo, carga de trabajo o desconfianza) y vincularla con oportunidades de involucramiento. Esto desplaza la conversación de "¿cómo detenemos la resistencia?" a "¿qué nos está diciendo esta resistencia?".

Al utilizar el checklist de manera consistente, los especialistas pueden mostrar a ejecutivos y gerentes que la resistencia es un mapa de prioridades, no un obstáculo para el progreso. Replantea el rechazo como una fuente de energía que, si se redirige adecuadamente, acelera la adopción. En lugar de ver la resistencia como un fracaso, las organizaciones la reconocen como prueba de que a las personas les importa y como una guía para involucrarlas de forma efectiva.

2. Plan de Psicología de la Adopción

Un **Plan de Psicología de la Adopción** describe cómo se introducirá el cambio relacionado con la gobernanza, no solo desde una perspectiva de procesos, sino también desde una perspectiva humana. Aborda la identidad ("¿qué significa esto para mi rol?"), la equidad ("¿por qué está ocurriendo este cambio?") y el control ("¿cuál es mi nivel de participación?"). Al planificar en torno a estos factores psicológicos, los especialistas pueden generar confianza en que el cambio se sostendrá.

Este plan es invaluable para ejecutivos y gerentes porque conecta la adopción de la gobernanza con la empatía del liderazgo. En lugar de imponer el cumplimiento, los líderes pueden utilizar el plan para presentar la gobernanza como un cambio justo, inclusivo y empoderador. Los especialistas pueden posicionarse como socios del cambio que anticipan temores y ofrecen tranquilidad. El resultado es una adopción que se siente propia, no impuesta.

3. Mapa de Impulso

El impulso no surge de una gran iniciativa, sino de una serie de pequeños logros que construyen confianza y convicción. Un **Mapa de Impulso** proporciona a los especialistas una visualización o tabla sencilla que muestra qué logros se abordarán primero, cómo se comunicarán y cómo cada uno construye el camino hacia el siguiente. Descompone la gobernanza en etapas manejables que fortalecen la confianza.

Para ejecutivos y gerentes, el Mapa de Impulso demuestra que la gobernanza no es una iniciativa de todo o nada. Crea una ruta clara de microéxitos que pueden celebrarse y compartirse como evidencia de avance. Los especialistas se benefician porque les brinda un plan concreto para construir la adopción con el tiempo, asegurando que el impulso no quede al azar, sino que se convierta en un acelerador diseñado.

Consulta cómo desarrollar y utilizar este artefacto en la Guía Práctica al final del libro.

---

4. Guía Narrativa de Storytelling

El cambio no se consolida por las políticas; se consolida por las historias. Una **Guía Narrativa de Storytelling** proporciona a los especialistas un conjunto de *prompts*, formatos y ejemplos sobre cómo capturar y compartir historias reales de éxito en gobernanza. Estas pueden incluir relatos sobre reducción de retrabajo, riesgos evitados o decisiones más rápidas que beneficiaron directamente al negocio.

Esta guía se convierte en un amplificador del cambio. Los ejecutivos pueden usarla para reforzar la estrategia en reuniones generales, los gerentes para motivar a sus equipos y los especialistas para demostrar el valor de la gobernanza a sus pares. Al institucionalizar las historias como una herramienta de comunicación, la gobernanza pasa de conceptos abstractos a experiencias vividas. Las narrativas se difunden más rápido que los documentos de políticas y generan el cambio de cultura que acelera la adopción.

Acciones a Seguir

Cambio sin drama, resistencia como energía y adopción arraigada en la psicología: estas ideas transforman el cambio de un obstáculo en un acelerador. Pero sin acción, se quedan en lo abstracto. Para que la gobernanza se consolide, el cambio debe gestionarse de manera deliberada, empática y sostenible.

Empieza por abrazar la resistencia en lugar de combatirla. La resistencia no es una barrera; es una señal. Cuando las personas se oponen, están mostrando dónde se necesita mayor claridad o tranquilidad. Tratar la resistencia como energía transforma a los escépticos en aliados. Convierte la disrupción en involucramiento.

La adopción ocurre cuando las personas se sienten competentes, autónomas e incluidas. Los ejecutivos pueden modelar la adopción utilizando datos gobernados en sus propias decisiones. Los gerentes pueden modelarla escuchando la retroalimentación y reforzando nuevos comportamientos. Los especialistas pueden modelarla introduciendo pequeños cambios diarios en la forma en que trabajan con los datos.

La gestión del cambio como catalizador no trata de programas; trata de cultura. Integra champions, cuenta historias y celebra microcambios que, con el tiempo, se acumulan y generan transformación. Así es como se acelera la adopción sin abrumar a las personas.

Pasos Inmediatos Para la Acción

1. Replantea un punto de resistencia en tu organización como retroalimentación útil y actúa en consecuencia.

2. Pilota un microcambio en un equipo y celebra sus resultados de forma visible.

3. Identifica al menos a un líder de cambio integrado y dale una plataforma para compartir sus éxitos.

4. Captura y comparte una historia que demuestre cómo la gobernanza mejoró un resultado.

5. Construye métricas de adopción que midan el involucramiento y la sostenibilidad, no solo el cumplimiento.

CUATRO

Data Fluency como Catalizador

Parte A: Teoría

Más Allá de la Capacitación: Desarrollando Data Fluency

La mayoría de las organizaciones cree que está abordando la data literacy cuando implementa un conjunto de cursos de capacitación. Unas cuantas sesiones, algunas diapositivas, quizá una insignia de certificación, y lo consideran progreso. Pero la capacitación no es lo mismo que la fluency. La capacitación enseña conceptos; la fluency construye confianza. La capacitación puede marcar una casilla; la fluency cambia comportamientos. Si la gobernanza y la gestión del cambio son la estructura y el proceso, la fluency es la capacidad humana que hace utilizables esas estructuras. Sin fluency, los otros catalizadores se estancan. Para los ejecutivos, la fluency (a menudo referida como literacy) no consiste en convertir a todos en científicos de datos. Consiste en garantizar que cada líder pueda interpretar, cuestionar y aplicar los datos con la confianza suficiente para tomar mejores decisiones. Para los gerentes, la fluency implica reducir la dependencia de cuellos de botella, de modo que no tengan que esperar semanas por un reporte especializado, sino que puedan entender y confiar en los datos que tienen frente a ellos. Para los especialistas, la fluency marca la diferencia entre luchar en silencio y poder aportar de manera significativa a la resolución de problemas y a la innovación.

Cuando las organizaciones se enfocan en la fluency, dejan de tratar a los datos como un idioma extranjero. En su lugar, los datos se convierten en una parte integral de la comunicación cotidiana: un vocabulario compartido que facilita la colaboración y fortalece la toma de decisiones. Y, como cualquier idioma, la fluency no se construye solo en un aula. Se construye en la práctica diaria, se refuerza en contexto y se aplica donde más importa: en las decisiones que las personas toman todos los días.

En el mundo del gobierno de datos, la capacitación suele verse como la solución. Pero, aunque la capacitación es un excelente punto de partida, es solo el primer paso. Construir fluency —donde los datos se entienden, se "hablan" y se utilizan por todos— es lo que hace sostenible a la gobernanza. La Tabla 5 contrasta los enfoques tradicionales de data literacy, que la tratan como un evento aislado, con el enfoque No Invasivo, que integra la fluency en el flujo de trabajo diario, haciendo que los datos sean accesibles y accionables para todos, independientemente de su nivel de experiencia técnica.

Dimensión	Data Literacy Tradicional (Solo Capacitación)	Fluency Catalizador³ (Enfoque Integrado)
Alcance	Sesiones de capacitación aisladas y de corto plazo	Continuo, integrado en el trabajo diario
Responsabilidad	Depende de unos pocos expertos	Distribuida en todos los roles

Sostenibilidad	Se olvida una vez que termina la capacitación	Integrada en flujos de trabajo y procesos
Involucramiento	Bajo, a menudo impulsado por cumplimiento	Alto, como parte de la cultura organizacional
Impacto	Limitado a unas pocas tareas	Abarca la toma de decisiones, las operaciones y la estrategia

Tabla 5: Comparación de la Implementación de Capacitación Únicamente vs. Fluency Catalizador[3]

Hablar el Lenguaje Común de los Datos

Uno de los desafíos más subestimados en las organizaciones es la barrera de lenguaje que existe entre los equipos técnicos y los equipos de negocio. Los especialistas de TI pueden hablar de esquemas, API o pipelines, mientras que los líderes de negocio se enfocan en ingresos, riesgo y satisfacción del cliente. Ambos grupos tienen razón desde su propia perspectiva, pero cuando no pueden traducirse entre sí, la gobernanza se rompe.

La data fluency tiende puentes entre negocio y TI al crear un lenguaje común.

Los ejecutivos se benefician de este lenguaje común cuando las discusiones estratégicas dejan de descarrilarse por debates sobre definiciones y comienzan a enfocarse en acciones. Los gerentes se benefician cuando sus equipos pueden alinearse sobre lo que realmente significa una métrica y evitan desperdiciar horas conciliando reportes. Los especialistas se benefician cuando no quedan excluidos de las conversaciones por el uso de jerga, sino que se sienten empoderados para contribuir al diálogo entre disciplinas. Un lenguaje compartido hace que la gobernanza sea tangible, no teórica.

Esto no se trata de simplificar las cosas. Se trata de elevar a todos a una base común donde las conversaciones sean inclusivas, precisas y productivas. El lenguaje compartido no elimina la complejidad de los datos, pero hace que esa complejidad sea navegable. Una vez que las personas tienen suficiente fluidez para conversar sobre datos en términos significativos, la organización deja de tropezar con problemas de traducción y comienza a acelerar hacia los resultados.

La Fluency Impulsa la Toma de Decisiones

Toda organización afirma tomar "decisiones data-driven". ¿La realidad? Muchas personas siguen confiando en la intuición, en la jerarquía o en el primer reporte que aparece. Data fluency es lo que hace que "data-driven" sea algo más que un eslogan. La fluency garantiza que, cuando se toman decisiones, se tomen con entendimiento, contexto y confianza. Sin ella, las organizaciones corren el riesgo de quedar paralizadas por la confusión o de ser mal guiadas por información errónea.

Los ejecutivos dependen de la fluency y la literacy para no dejarse llevar por dashboards llamativos que carecen de sustancia. Necesitan hacer las preguntas correctas: "¿De dónde provienen estos datos? ¿Cómo están definidos? ¿Qué supuestos están incorporados?". Los gerentes dependen de la literacy para equilibrar velocidad y precisión, asegurando que las decisiones operativas del día a día estén bien informadas y sean consistentes. Los especialistas dependen de la fluency para integrar los datos en su flujo de trabajo, en lugar de verlos como una tarea de alguien más.

Cuando la fluency se extiende por toda la organización, la toma de decisiones se vuelve más aguda y resiliente. Los proyectos de IA generan confianza porque las personas entienden cómo se alimentan. Los reportes se vuelven accionables porque las definiciones son compartidas. La innovación florece porque las personas tienen la confianza para explorar los datos, en lugar de temerles. La fluency no es un proyecto secundario; es el acelerador que convierte la gobernanza y el cambio en resultados sostenibles.

Parte B: Práctica y Playbook

Mapeando Niveles de Fluency

El primer paso para mejorar la fluency es saber dónde estás. Con demasiada frecuencia, las organizaciones asumen que todos tienen el mismo nivel de comodidad con los datos, pero la fluency varía ampliamente entre roles e individuos. Mapear los niveles de fluency implica evaluar no solo las habilidades técnicas, sino también la confianza, el lenguaje y los comportamientos. Algunas personas pueden ser altamente analíticas, pero tener dificultades para comunicar sus resultados de manera efectiva. Otras pueden mostrarse escépticas frente a los datos. Conocer estas distinciones es fundamental.

Los ejecutivos se benefician de comprender los niveles de fluency porque esto les ayuda a orientar mejor sus inversiones. Los gerentes se benefician porque les permite adaptar el acompañamiento y el desarrollo de sus equipos. Los especialistas se benefician porque asegura que no se les coloque en situaciones donde las expectativas superen su nivel de preparación. Un mapa claro transforma la fluency y la literacy de una aspiración vaga en una iniciativa medible y accionable.

Cuando la fluency está mapeada, la organización obtiene una línea base. A partir de ahí, los programas pueden diseñarse para elevar de manera consistente las capacidades en toda la organización, asegurando que ningún grupo quede rezagado. No se trata de crear expertos idénticos; se trata de garantizar que todos tengan la suficiente fluidez como para participar.

Elevar la Línea Base, No el Techo

Una de las trampas en las que caen las organizaciones es apuntar a crear un pequeño grupo de superestrellas mientras se descuida a la base más amplia. Los científicos de datos, *power users* o *early adopters* reciben toda la atención, mientras que el empleado promedio queda luchando por mantenerse al día. Esto genera dependencia de unos pocos expertos y limita la escalabilidad. La estrategia más inteligente es elevar la línea base.

Los ejecutivos deberían centrarse en asegurar que cada líder pueda leer, interpretar y cuestionar los datos. Los gerentes deberían garantizar que sus equipos puedan colaborar en torno a los datos sin cuellos de botella. Los especialistas deberían contar con la fluency suficiente para sentirse cómodos utilizando datos en su trabajo cotidiano.

Elevar la línea base garantiza que la gobernanza sea inclusiva, ***no elitista.***

Cuando todos alcanzan un estándar mínimo de fluency, la organización se vuelve más ágil y resiliente. La innovación deja de atascarse en manos de unos pocos expertos; en su lugar, se difunde de forma natural porque todos cuentan con la capacidad base para participar. La gobernanza gana tracción porque las personas se sienten habilitadas, no excluidas.

Programas Que Perduran

Muchos programas de fluency fracasan porque están diseñados como eventos puntuales. Las personas asisten, aprenden algunos términos nuevos y los olvidan rápidamente. Los programas que perduran se integran en el flujo de trabajo. Utilizan datos reales, relevantes para los roles de las personas, y refuerzan el aprendizaje en dosis pequeñas y repetibles. Los programas más efectivos hacen que la fluency se sienta útil de inmediato, no como tarea para después.

Los ejecutivos pueden lograr que los programas perduren participando de forma visible, demostrando que la fluency importa en la alta dirección y no solo en los niveles operativos. Los gerentes pueden lograrlo conectando el aprendizaje directamente con las prioridades del equipo, ya sea un *pipeline* de ventas, un reporte de cumplimiento o una métrica de atención al cliente. Los especialistas pueden hacer que los programas perduren practicando la fluency a diario: haciendo preguntas, cuestionando supuestos y aplicando lo aprendido en su propio trabajo.

Cuando los programas de fluency están diseñados para perdurar, se refuerzan a sí mismos. Cuanto más usan las personas lo que han aprendido, más beneficios perciben. Con el tiempo, la fluency se convierte en cultura. Y una vez que es cultura, la gobernanza y la gestión del cambio no solo tienen participantes; tienen socios.

La teoría sugiere la necesidad de la fluency; la práctica demuestra cómo desarrollarla en toda la organización. En la Parte B, examinamos cómo la data fluency puede integrarse en los procesos de negocio, convirtiéndose en una habilidad central que los colaboradores utilizan para tomar decisiones informadas. La Tabla 6 ayuda a ilustrar el paso de una capacitación en datos esporádica a una fluency generalizada, haciendo que el recorrido de aprendizaje esté más integrado y sea más sostenible dentro de los equipos y departamentos.

Área de Práctica	Sin Fluency Integrada	Con Data Literacy Integrada
Onboarding	Las habilidades de datos se introducen como un aspecto secundario	La data fluency se integra desde el primer día
Toma de Decisions	Impulsada por la intuición o información en silos	Los datos son centrales en cada proceso de toma de decisiones
Colaboración	Malentendidos por un lenguaje inconsistente	Entendimiento compartido mediante un lenguaje de datos común
Gestión de Riesgos	Los datos no son confiables; las decisiones son reactivas	Los datos son confiables y se usan de forma proactiva en la gestión de riesgos
Alineación Estratégica	La estrategia está desconectada de los insights de datos	La data fluency asegura que las estrategias sean data-driven y estén alineadas

Tabla 6: Comparación de Prácticas
Sin vs. Con Fluency Integrada

Por Qué la Fluency Impulsa la Gobernanza

La data fluency es el multiplicador que hace que la gobernanza y la gestión del cambio se consoliden. Sin fluency, la gobernanza se vuelve abstracta y la adopción se derrumba. Por eso, construir fluency no es opcional, sino esencial:

- **Un Lenguaje Compartido Rompe Barreras:** Ejecutivos, gerentes y especialistas suelen hablar distintos "dialectos" de los datos. Sin un lenguaje común, la colaboración se frena. La fluency proporciona ese lenguaje, permitiendo una comunicación más rápida y clara entre niveles.

- **La Confianza Impulsa la Participación:** Los especialistas dudan en involucrarse cuando sienten que no dominan el tema. Los gerentes dudan en actuar cuando no están seguros de los datos. Los ejecutivos dudan en invertir cuando desconfían de los resultados. La fluency construye confianza, y la confianza impulsa la participación.

- **La Línea Base Importa Más Que la Experticia:** La gobernanza se derrumba cuando solo un puñado de expertos entiende los datos. Elevar la línea base en toda la organización garantiza que todos puedan participar. Los expertos seguirán liderando, pero la fluency asegura que nadie quede atrás.

- **La Fluency Mejora las Decisiones:** Las decisiones data-driven no se toman cuando las personas no confían en su capacidad para interpretar la información. La fluency asegura que los ejecutivos hagan preguntas más incisivas, que los gerentes validen supuestos y que los especialistas apliquen los insights con precisión.

- **Los Programas Perduran Cuando Son Prácticos:** La capacitación puntual no cambia comportamientos. Los programas vinculados a datos reales y al trabajo diario crean una fluency que se sostiene. Cuando la gobernanza y la literacy se integran, la fluency acelera la adopción de forma natural.

Formas de Aplicar la Fluency como Catalizador

Artefactos que Conviene Desarrollar

Aplicar la fluency como catalizador implica ir más allá de sesiones de capacitación puntuales y, en su lugar, crear herramientas y prácticas que integren esta disciplina en el trabajo cotidiano. Los artefactos adecuados hacen que los datos sean menos intimidantes y más accesibles, ayudando a personas de todos los niveles de la organización a desarrollar la confianza y el lenguaje compartido que necesitan para participar plenamente en la toma de decisiones data-driven. La siguiente lista destaca ejemplos de artefactos que pueden transformar la fluency de un concepto en una capacidad vivida, asegurando que acelere la colaboración y la confianza en toda la organización.

1. Plantilla de Glosario de Lenguaje Compartido

Uno de los entregables más simples, pero también de mayor impacto, es la **Plantilla de Glosario de Lenguaje Compartido**. Esta ofrece un formato estructurado en el que los especialistas pueden capturar los términos del negocio, sus definiciones y la responsabilidad asociada. No necesita ser un diccionario de datos extenso ni complejo; es un glosario ligero, orientado al negocio, que puede evolucionar con el tiempo.

Esta herramienta es crítica porque ejecutivos, gerentes y especialistas hablan distintos dialectos de los datos. La plantilla de glosario tiende puentes entre esas diferencias, asegurando que conceptos como "cliente", "transacción" o "riesgo" signifiquen lo mismo en todos los departamentos. Cuando las personas dejan de discutir definiciones y empiezan a confiar en los datos de los demás, la colaboración se acelera.

Consulta cómo desarrollar y utilizar este artefacto en la Guía Práctica al final del libro.

2. Checklist de Autoevaluación de Confianza en los Datos

Los especialistas pueden ayudar a sus colegas a medir su propio nivel de comodidad con los datos creando una **Checklist de Autoevaluación de Confianza en los Datos**. Esta checklist puede incluir preguntas simples y no amenazantes, como: "¿Sé de dónde provienen estos datos?" o "¿Me siento con la confianza suficiente para presentar este indicador a la alta dirección?".

El valor de esta herramienta radica en que hace visible la confianza. Los ejecutivos pueden ver en qué aspectos sus equipos se sienten fuertes y dónde se necesita apoyo. Los gerentes pueden identificar brechas sin emitir juicios, y los especialistas pueden iniciar conversaciones sobre el tipo de soporte, programas de literacy o intervenciones de gobernanza que se requieren. Al normalizar estas revisiones de confianza, las organizaciones empoderan a las personas para participar de forma más plena en la toma de decisiones data-driven.

3. Plan de Desarrollo de la Fluency Base

Un **Plan de Desarrollo de la Fluency Base** ayuda a los especialistas a documentar el estado actual de la literacy o la fluency en los distintos roles y a definir cómo elevar la línea base sin aspirar a niveles de experticia poco realistas. Identifica habilidades críticas —como interpretar dashboards, cuestionar las fuentes de datos o comprender el linaje de datos— y traza un camino para integrarlas de forma gradual.

Este plan conecta especialmente bien con ejecutivos y gerentes porque deja claro que la fluency no consiste en convertir a todos en científicos de datos, sino en asegurar que nadie se quede atrás. Al elevar la línea base, los especialistas garantizan que la gobernanza sea sostenible y escalable. El plan se convierte así en una prueba de que la fluency no es un evento de capacitación, sino una inversión cultural.

4. Modelo de Fluency para la Toma de Decisiones

Un **Modelo de Fluency para la Toma de Decisiones** traza cómo se toman hoy las decisiones, destacando los puntos en los que una comprensión deficiente de los datos frena el proceso o genera riesgo. Luego, el modelo ilustra cómo se ve una toma de decisiones fluida: ejecutivos que formulan preguntas más incisivas, gerentes que validan supuestos y especialistas que aplican los insights de forma responsable.

Para el liderazgo, este modelo muestra cómo la literacy y la fluency influyen directamente en la velocidad y la calidad de la toma de decisiones. Para los especialistas, ofrece una manera estructurada de demostrar el valor de desarrollar fluency, no como un objetivo abstracto, sino como un acelerador tangible del desempeño del negocio. El modelo es una herramienta de comunicación que hace que la literacy sea medible y relevante.

5. Esquema de Capacitación y Aplicación Práctica

La capacitación solo se consolida cuando está vinculada a necesidades del mundo real. Un **Esquema de Capacitación y Aplicación Práctica** garantiza que los esfuerzos de fluency se integren en el trabajo diario. Este entregable define los temas que deben abordarse (definiciones, dashboards, conciencia de riesgos), los formatos más efectivos (talleres, sesiones abiertas de consulta, mentoría entre pares) y la forma en que los aprendizajes se refuerzan en proyectos reales.

Este esquema es potente porque replantea la literacy y la fluency como algo más que "otra sesión de capacitación" y las convierte en un impulsor de la productividad. Los especialistas pueden utilizarlo para mostrar a gerentes y ejecutivos que estos programas no restan tiempo al trabajo, sino que lo potencian. Al vincular el aprendizaje con resultados, este esquema asegura que la fluency sea percibida como un catalizador, no como una distracción.

Acciones a Seguir

La fluency, no la capacitación, es el objetivo. El lenguaje compartido, no la jerga, es el puente. La confianza en la toma de decisiones, no la dependencia en especialistas es el resultado. La data fluency como catalizador implica asegurar que todos —no solo los analistas— puedan participar en el uso de datos gobernados.

Comienza mapeando los niveles de fluency con honestidad. No asumas que las personas saben más de lo que realmente saben, pero tampoco subestimes su potencial. Elevar la línea base en toda la organización genera inclusión. El objetivo no es convertir a todos en expertos, sino lograr que todos tengan la fluency suficiente para participar.

La fluency impulsa la toma de decisiones en todos los niveles. Los ejecutivos pueden cuestionar los datos con confianza. Los gerentes pueden colaborar sin cuellos de botella. Los especialistas pueden aplicar los datos en su trabajo diario en lugar de esperar transferencias. Cuando la fluency se convierte en cultura, la gobernanza gana un aliado que amplifica su impacto.

Integra la literacy en el trabajo real, utiliza datos reales y refuérzala de forma constante.
A medida que la fluency crece, la gobernanza se acelera de manera natural.

Pasos Inmediatos Para la Acción

1. Realiza una evaluación sencilla de los niveles de data fluency en tu equipo u organización.
2. Identifica una definición o concepto compartido que pueda reducir la confusión y enséñalo de forma amplia.
3. Incorpora una actividad de fluency en un proyecto real (por ejemplo, pedir a los líderes que interpreten un conjunto de datos).

4. Enfócate en elevar la línea base, dirigiéndote a los usuarios cotidianos, no solo a los analistas avanzados.
5. Crea un ritmo continuo de refuerzo: pequeños y frecuentes momentos de fluency, no capacitaciones puntuales.

CINCO

Cambiando la Narrativa del Gobierno de Datos

Deja de Vender Dolor, Empieza a Vender Valor

Una de las principales razones por las que la gobernanza no logra arraigarse es la forma en que se vende. Con demasiada frecuencia, el mensaje para los ejecutivos se centra en evitar multas, pasar auditorías o mitigar riesgos. Para los gerentes, se trata de cumplimiento. Para los especialistas, de las reglas que deben seguir. En otras palabras, la gobernanza se presenta como un analgésico: necesario, pero desagradable. El problema con los analgésicos es que las personas solo recurren a ellos cuando el dolor es agudo y, en cuanto ese dolor disminuye, la motivación para continuar se desvanece.

La narrativa debe cambiar hacia el valor.

Los ejecutivos necesitan escuchar cómo la gobernanza acelera la adopción de IA, agiliza la toma de decisiones y aumenta el retorno de la inversión en tecnología. Los gerentes necesitan saber cómo la gobernanza reduce el retrabajo, elimina la "extinción de incendios" constante y mejora la eficiencia de los equipos. Los especialistas necesitan entender cómo la gobernanza simplifica su trabajo diario, reduce la incertidumbre y valida sus aportaciones. Cuando la gobernanza se presenta como un acelerador y no como una restricción, deja de ser algo que las personas toleran y pasa a ser algo que impulsan.

La clave está en la especificidad. Decirle a la gente "la gobernanza es buena para ti" no significa nada. Mostrarle a un ejecutivo cómo la gobernanza puede reducir en semanas el *time-to-market* de un nuevo producto resulta persuasivo. Demostrarle a un gerente que puede ahorrar un 20 % del tiempo de su equipo en la conciliación de reportes es contundente. Explicarle a un especialista cómo la gobernanza evita que se le responsabilice por datos inconsistentes es poderoso. El valor específico y cercano es lo que hace que la gobernanza sea relevante.

Cuando la gobernanza se vincula a valor medible, la conversación cambia. En lugar de que los ejecutivos pregunten "¿de verdad necesitamos esto?", empiezan a preguntar "¿cómo obtenemos más de esto?". En lugar de que los gerentes se sientan cargados, se sienten respaldados. En lugar de que los especialistas pongan los ojos en blanco, se involucran. Es ahí cuando la gobernanza deja de ser un analgésico y se convierte en un potenciador del desempeño: algo a lo que se recurre porque ayuda a ganar.

En lo que respecta al gobierno de datos, la mayoría de las organizaciones abordan la conversación desde una perspectiva de riesgo y cumplimiento: se enfocan en el dolor del fracaso, las multas y las auditorías. Aunque estas son preocupaciones reales, esta narrativa no logra inspirar acción ni generar compromiso en el liderazgo. Se necesita un cambio: en lugar de vender la gobernanza como un mal necesario, debemos presentarla como un habilitador del valor del negocio, la innovación y la velocidad. La Tabla 7 muestra cómo la gobernanza pasa de evitar el dolor a crear valor, asegurando que el mensaje conecte tanto con ejecutivos como con especialistas.

Narrativa	**Percepción Anterior**	**Nuevo enfoque del Catalizador de Datos[3]**	**Impacto del Replanteamiento**
Cumplimiento	Costoso, obligatorio, doloroso	Salvaguarda para la velocidad y la confianza en la IA	Los ejecutivos perciben ventaja
Reglas	Engorrosas, disruptivas	Barreras de protección para la claridad	Los gerentes perciben eficiencia
Trabajo Adicional	Tareas añadidas al personal	Integrado en los roles diarios	Los especialistas perciben valor
Aplicación	Cumplimiento impulsado por el miedo	Catalizador de aceleración	Construye cultura a largo plazo

Tabla 7: Replanteamiento de la Narrativa

La Habilitación Sugiere Pasividad

En los últimos años, muchas organizaciones han intentado renombrar la gobernanza como "habilitación" (enablement). La intención es buena: suavizar la imagen de la gobernanza como algo rígido y controlador. Sin embargo, el término "habilitación" presenta sus propios desafíos. Sugiere pasividad, como si la gobernanza estuviera al margen, ofreciendo herramientas y ánimo, pero sin impulsar realmente los resultados. La habilitación es necesaria, pero no es suficiente. Las organizaciones no solo necesitan que los datos estén "habilitados"; necesitan que se aceleren.

Los ejecutivos no buscan habilitación; buscan desempeño. Quieren entender cómo la gobernanza puede crear ventaja competitiva, reducir costos y mitigar los riesgos asociados con las inversiones en IA. Los gerentes tampoco buscan habilitación. Quieren apoyo que haga a sus equipos más efectivos, no ayudas que los dejen resolviendo el resto por su cuenta. Los especialistas no quieren ser "habilitados" en un sentido vago; quieren una gobernanza que haga su trabajo más fácil hoy, no algún día.

Cuando la gobernanza se presenta como una habilitación pasiva, corre el riesgo de ser descartada como un "nice to have".

La diferencia está en la postura. La habilitación es reactiva: espera a que alguien pida ayuda. El catalizador es proactivo: impulsa el cambio, enciende la energía y genera logros visibles sin necesidad de que se lo soliciten. Esta diferencia importa porque las organizaciones que operan en un mundo de IA y decisiones en tiempo real no pueden darse el lujo de una gobernanza lenta y reactiva.

Replantear la gobernanza de habilitador a catalizador exige un cambio en la narrativa, en las métricas y en los comportamientos. Muéstrales a los ejecutivos cómo la gobernanza impulsa el crecimiento. Muéstrales a los gerentes cómo reduce la fricción. Muéstrales a los especialistas cómo aligera su carga de trabajo. Cuando el mensaje pasa de pasivo a activo, la gobernanza deja de ser algo que apoya silenciosamente desde el fondo y se convierte en algo que impulsa activamente a la organización hacia adelante.

La Gobernanza como Catalizador, No como Fiscalizador

La metáfora tradicional de la gobernanza es la de la aplicación coercitiva: reglas, políticas y estándares impuestos desde arriba, con el cumplimiento como medida del éxito. Pero la aplicación coercitiva solo funciona si las personas temen las consecuencias de incumplir las reglas. En cuanto la atención se desvía, el cumplimiento falla. La coerción genera obediencia a corto plazo, no compromiso a largo plazo. En un mundo donde la velocidad, la innovación y la confianza son fundamentales, la aplicación coercitiva por sí sola no es sostenible.

La gobernanza como catalizador le da la vuelta a esa metáfora. En lugar de centrarse en lo que las personas *no pueden hacer*, se enfoca en lo que *pueden hacer* mejor, más rápido y con mayor confianza. Los ejecutivos ven la gobernanza no como un vigilante, sino como un turbocargador, que asegura que las estrategias data-driven se ejecuten con menos riesgos y resultados más confiables. Los gerentes perciben la gobernanza no como un conjunto de restricciones, sino como un sistema de apoyo que ayuda a sus equipos a desempeñarse con mayor eficiencia. Los especialistas ven la gobernanza no como fiscalización, sino como un andamiaje que les brinda claridad y barreras de protección para construir con confianza.

Los catalizadores no frenan las reacciones; las aceleran. Ese es exactamente el papel que debe desempeñar la gobernanza en la era de la IA y la analítica. Acelera la adopción al hacer que los datos sean confiables. Acelera la ejecución al clarificar roles. Acelera la innovación al reducir la incertidumbre. Cuando la gobernanza se replantea como un catalizador, se convierte en algo en lo que las personas quieren participar, no en algo que se ven obligadas a cumplir.

Hacer este cambio no es solo un ejercicio de comunicación; es un cambio cultural. Los equipos de gobernanza deben dejar de medirse por cuántas políticas han escrito o cuántas auditorías han superado. Deben empezar a medir qué tan rápido avanzan los proyectos, con cuánta mayor confianza se toman las decisiones y qué tan confiables se vuelven los modelos de IA. Esa es la diferencia entre un fiscalizador y un catalizador. Y esa es la diferencia entre una gobernanza que sobrevive y una gobernanza que prospera.

Replanteando el Gobierno de Datos para la Era de la IA

La IA está transformando la forma en que las organizaciones abordan los datos. De repente, ya no se trata solo de reportes y dashboards; se trata de modelos predictivos, decisiones automatizadas y sistemas generativos capaces de crear contenido, código e insights bajo demanda. En este nuevo escenario, la narrativa tradicional de la gobernanza como cumplimiento está peligrosamente desactualizada. La IA no solo necesita datos gobernados; los exige. Sin gobernanza, la IA amplifica errores, acelera sesgos y magnifica el riesgo a escala.

Para los ejecutivos, la era de la IA replantea la gobernanza como un pilar esencial de la confianza. Inversionistas, reguladores y clientes quieren garantías de que los resultados de la IA son confiables. Sin gobernanza, esa confianza se evapora, y con ella la ventaja competitiva. Para los gerentes, la era de la IA convierte a la gobernanza en la base de la resiliencia operativa: sus equipos no pueden darse el lujo de perseguir insumos poco confiables cuando la IA toma decisiones en tiempo real. Para los especialistas, la era de la IA hace de la gobernanza un escudo, que los protege de ser responsabilizados cuando la IA falla por datos defectuosos o sesgados.

Replantear la gobernanza para la IA no es solo cuestión de eslóganes. Se trata de alinear la narrativa de la gobernanza con las prioridades de la IA. Mostrar cómo la gobernanza reduce los riesgos de la IA, garantiza la equidad y mejora el desempeño de los modelos. Demostrar cómo habilita la adopción de la IA responsable y escalable. Evidenciar cómo previene escenarios de pesadilla como recomendaciones sesgadas, auditorías fallidas y daños reputacionales. Cuando la gobernanza se vincula al éxito de la IA, deja de ser un costo de cumplimiento y pasa a ser una ventaja competitiva.

La era de la IA le presenta a la gobernanza una oportunidad de reinvención. En lugar de ser vista como el departamento del "no", puede posicionarse como el departamento del "sí, y aquí te explicamos cómo hacerlo de forma segura". Este es el momento de replantear la gobernanza no como una actividad de cumplimiento orientada al pasado, sino como un acelerador, orientado al futuro, de una IA confiable. Las organizaciones que adopten esta narrativa liderarán. Las que no lo hagan corren el riesgo de quedarse atrás —o peor aún, de desmoronarse bajo el peso de una IA sin gobernanza.

Por Qué la Historia Define el Éxito de la Gobernanza

La historia que se cuenta sobre la gobernanza suele determinar su destino. Si la narrativa es negativa, la gobernanza se estanca. Si es catalizadora, la gobernanza prospera. Por eso las palabras, las historias y el encuadre importan más de lo que muchos especialistas imaginan:

- **Las Palabras Influyen En la Percepción:** Los ejecutivos oyen "cumplimiento" y piensan en costos. Los gerentes oyen "reglas" y piensan en disrupción. Los especialistas oyen "gobernanza" y piensan en trabajo adicional. Las palabras moldean la percepción, y la percepción moldea el comportamiento. Elegir un lenguaje catalizador replantea la gobernanza como un medio para acelerar.

- **El Valor Vende, el Dolor No:** Vender la gobernanza como evitación del dolor no inspira acción. Venderla como creación de valor sí. Los ejecutivos compran velocidad y ventaja. Los gerentes compran eficiencia. Los especialistas compran claridad. Vender valor asegura que la gobernanza reciba atención.

- **Las Narrativas de Fiscalización Generan Miedo:** Presentar la gobernanza como fiscalización invita a la evasión y la resistencia. Enmarcarla como un catalizador invita a la contribución. El miedo impulsa el cumplimiento solo de forma temporal; la contribución sostiene la cultura.

- **La IA Eleva la Apuesta:** En la era de la IA, las narrativas sobre la gobernanza importan más que nunca. Si la gobernanza se percibe como opcional, los riesgos de la IA se multiplican. Si se presenta como esencial, la IA se vuelve confiable y escalable. La historia que contamos moldea los sistemas que construimos.

- **Las Historias Se Propagan Más Rápido Que las Políticas:** Una buena historia sobre cómo la gobernanza acelera el éxito se difunde más rápido que cualquier documento de políticas. Los gerentes la repiten, los especialistas la comparten y los ejecutivos la citan. Las historias integran la gobernanza en la cultura.

Formas de Cambiar la Narrativa de la Gobernanza

Artefactos que Conviene Desarrollar

Cambiar la narrativa de la gobernanza requiere más que un nuevo lenguaje; exige herramientas y ejemplos visibles que refuercen el mensaje. Al crear los artefactos adecuados, los especialistas pueden cambiar la percepción de la gobernanza como fiscalización hacia la gobernanza como un acelerador de valor. Estos artefactos ayudan a líderes y equipos a contar de forma consistente la nueva historia, difundirla en toda la organización e integrarla en la cultura. La siguiente lista destaca artefactos que pueden ayudar a replantear la narrativa y hacer que el valor de la gobernanza sea imposible de ignorar.

1. Playbook de Replanteamiento de la Narrativa

Un **Playbook de Replanteamiento de la Narrativa** proporciona a los especialistas un conjunto estructurado de replanteamientos de "historia antigua vs. historia nueva". Por ejemplo, la historia antigua plantea que la gobernanza *trata de control. La historia nueva muestra que la gobernanza acelera la toma de decisiones al clarificar la accountability.* La guía puede construirse como un resumen ejecutivo en una página con tres columnas: *Mito / Percepción anterior, Replanteamiento y Valor del negocio.*

Esta herramienta es potente porque ayuda a ejecutivos, gerentes y especialistas a contar de forma consistente la nueva historia. En lugar de que cada líder improvise su propio discurso, todos pueden apoyarse en un conjunto unificado de mensajes. Con el tiempo, la repetición consolida el cambio de narrativa y garantiza que la gobernanza sea vista como un catalizador, no como una restricción.

Consulta cómo desarrollar y utilizar este artefacto en la Guía Práctica al final del libro.

2. Kit de Storytelling para Ejecutivos

Los ejecutivos son los amplificadores de la narrativa. Un **Kit de Storytelling para Ejecutivos** les proporciona historias breves y cercanas de éxito en gobernanza que pueden utilizar en discursos, reuniones de equipo o actualizaciones ante el consejo. Cada historia debe centrarse en una victoria real: reducción del retrabajo, riesgos evitados o una implementación de IA más rápida. El kit también debe incluir prompts para que los líderes construyan sus propias narrativas.

El valor de este enfoque radica en que las historias se difunden más rápido que las políticas. Al dotar a los líderes de narrativas listas para usar, los especialistas aseguran que el nuevo mensaje sobre la gobernanza se propague de forma natural por toda la organización. Así, la cultura cambia no por imposición, sino a través del storytelling: una forma de influencia que los ejecutivos ya saben ejercer.

3. Mapa de Comunicación de Dolor a Valor

La gobernanza a menudo se ha vendido como una forma de evitar el dolor: prevenir multas, fallos o conflictos. Un **Mapa de Comunicación de Dolor a Valor** ayuda a los especialistas a darle la vuelta a esa narrativa. Enumera puntos de dolor comunes de la gobernanza (“riesgo de auditoría”, “reportes duplicados”, “cumplimiento lento”) y los replantea en términos de valor (“preparación para auditorías”, “versión única de la verdad”, “cumplimiento más rápido basado en la confianza”).

Este mapa de comunicación garantiza que las conversaciones sobre gobernanza pasen de mensajes basados en el miedo a una propuesta basada en el valor. Los ejecutivos prefieren la ventaja a la evitación, los gerentes responden a la eficiencia y los especialistas se involucran cuando hay claridad. Con este entregable, la gobernanza deja de verse como un mecanismo defensivo y pasa a ser un acelerador del negocio.

4. Modelo Narrativo del Catalizador de Datos^3

Un **Modelo Narrativo del Catalizador de Datos^3** es un diagrama o plantilla sencilla que ilustra cómo la gobernanza, la gestión del cambio y la literacy trabajan juntas para replantear la historia. Por sí sola, la gobernanza suele percibirse como fiscalización. La gestión del cambio la reencuadra como adopción. La literacy la reencuadra como empoderamiento. Juntas, las tres disciplinas se convierten en un catalizador de aceleración.

Este modelo ayuda a los especialistas a comunicar por qué la narrativa importa y cómo se transforma cuando se aplica el enfoque Catalizador de Datos^3. Ofrece a los líderes un modelo mental fácil de comprender y repetir. En lugar de hablar de la gobernanza como una obligación, comienzan a verla como un habilitador; exactamente el tipo de giro cultural que cambia las reglas del juego.

Acciones a Seguir

Si la gobernanza se presenta como dolor, las personas se resisten. Si se presenta como habilitación, tienden a ignorarla. Si se presenta como un catalizador, las personas se involucran. Cambiar la narrativa es una de las palancas más poderosas a tu alcance.

Empieza vendiendo valor en lugar de dolor. No hables de la gobernanza como un costo o una obligación. Háblala como aceleración: como el habilitador de insights más rápidos, una IA más segura y decisiones más inteligentes. Los ejecutivos responden a la velocidad. Los gerentes responden a la eficiencia. Los especialistas responden a la claridad. Ajusta tu historia para cada uno.

Las narrativas moldean la cultura.

Deja de usar un lenguaje pasivo como "habilitación" y empieza a utilizar un lenguaje activo como "aceleración" y "catalizador". Las palabras importan: tienen peso e influyen en la percepción. En la era de la IA, la gobernanza debe presentarse como la salvaguarda que permite que la innovación escale de forma segura.

Cambiar la narrativa no es un reposicionamiento puntual. Es un acto continuo de storytelling, refuerzo y evidencia. Cuantas más historias cuentes, más se transforma la narrativa. Y cuanto más se transforma la narrativa, más fácil se vuelve la gobernanza.

Pasos Inmediatos Para la Acción

1. Sustituye un mensaje de gobernanza centrado en el cumplimiento por uno enfocado en el valor.

2. Desarrolla un elevator pitch breve que posicione la gobernanza como un catalizador.

3. Recopila y comparte al menos una historia de gobernanza por trimestre que destaque la aceleración.

4. Deja de usar términos pasivos como "habilitación" en tus comunicaciones y adopta términos activos.

5. Conecta explícitamente la gobernanza con la estrategia de la IA de tu organización en las conversaciones con la alta dirección.

SEIS

Llamados a la Acción en Toda la Organización

Ejecutivos — Impulsen la Chispa

Los ejecutivos marcan el tono sobre si la gobernanza, la gestión del cambio y la fluency se tratan como proyectos secundarios o como aceleradores esenciales del éxito del negocio. Cuando los líderes consideran la gobernanza como algo opcional, la organización tiende a hacer lo mismo. Pero cuando la impulsan de forma consistente, la vinculan con la estrategia y modelan su uso en sus propias decisiones, la chispa se enciende en toda la organización. Impulsar la chispa no requiere experiencia técnica; requiere compromiso visible y refuerzo constante.

Un llamado a la acción práctico para los ejecutivos es integrar la gobernanza en las conversaciones estratégicas. No se limiten a preguntar "¿cuál es el ROI de esta plataforma de IA?". Pregunten también: "¿cómo vamos a confiar en los resultados de esta plataforma de IA?". Exijan que la gobernanza esté integrada en toda iniciativa relevante relacionada con datos, desde la transformación digital hasta la gestión de riesgos. El mensaje para la organización debe ser claro: la gobernanza no es un costo de cumplimiento; es un habilitador del desempeño.

Por último, los ejecutivos deben convertirse en narradores. Compartan logros de manera pública, destaquen riesgos evitados y reconozcan a los equipos que adoptan la gobernanza, la literacy y el cambio. Cuando la alta dirección demuestra entusiasmo y compromiso, le da a todos los demás permiso —y motivación— para ver la gobernanza como algo que fortalece al negocio, no que lo obstaculiza.

Gerentes — Operacionalicen la Energía

Los gerentes son el eslabón clave entre la visión ejecutiva y la ejecución diaria. Traducen la estrategia en realidad y, a menudo, son quienes sienten la tensión entre objetivos ambiciosos y recursos limitados. Por eso, su llamado a la acción es operacionalizar la energía que generan la gobernanza, el cambio y la literacy. Sin gerentes que lleven la antorcha, el entusiasmo ejecutivo nunca sale de la sala de juntas.

Los gerentes pueden operacionalizar integrando puntos de control de gobernanza en los flujos de trabajo de sus equipos, no como obstáculos, sino como aceleradores que evitan retrabajo más adelante. Deben modelar la data fluency en las reuniones de equipo, reforzar definiciones compartidas y animar a los miembros del equipo a plantear inquietudes desde etapas tempranas. Al normalizar estos comportamientos, los gerentes reducen la fricción que a menudo frena los programas de gobernanza.

Los gerentes también deben actuar como multiplicadores de confianza. Cuando los equipos ven que sus gerentes se apoyan en datos gobernados para tomar decisiones, la confianza se propaga. Cuando observan que escuchan la resistencia y la convierten en retroalimentación, la adopción se fortalece. Y cuando los gerentes conectan la gobernanza con resultados tangibles del equipo —como reportes más rápidos, menos escalaciones y auditorías más fluidas—, la energía se construye y se sostiene por sí sola.

Especialistas — Vivan el Cambio a Diario

Los especialistas son el corazón de la gobernanza porque son quienes definen, producen y utilizan los datos todos los días. Su llamado a la acción es vivir el cambio a diario, no asumiendo más trabajo, sino formalizando el trabajo que ya realizan. Cada vez que un especialista documenta una definición, señala un problema de calidad o explica el contexto a un colega, está contribuyendo a la gobernanza. El reto es hacer que esas contribuciones sean deliberadas y consistentes.

Los especialistas deben adoptar la mentalidad de que la gobernanza no es responsabilidad de alguien más.

Esto ya forma parte de su trabajo; la diferencia está en reconocerlo, nombrarlo y participar de manera consciente. Al registrar incidencias en sistemas compartidos, participar en conversaciones de stewardship y utilizar el lenguaje común de los datos, los especialistas ayudan a que la gobernanza cobre vida donde más importa: en el punto de uso.

Su impacto se amplifica cuando comparten sus logros. Si una definición clarificada les ahorró horas, cuenten esa historia. Si un problema de calidad se resolvió rápidamente gracias a la gobernanza, destáquenlo entre sus pares. Estas historias normalizan la participación y transforman la cultura, pasando del cumplimiento a la contribución. Los especialistas no solo viven el cambio: lo propagan.

Todos los Demás — Sean *Data-Woke*

No todas las personas en la organización son ejecutivos, gerentes o especialistas de datos. Pero todos interactúan con los datos, lo sepan o no. El llamado a la acción para el resto de la fuerza laboral es simple: sean data-woke. Reconozcan que cada clic, cada registro y cada decisión crea o consume datos que dan forma al negocio.

> *La gobernanza no es algo que ocurra lejos,*
> *en TI o en un departamento de analítica.*
> *Es parte de la realidad de cada rol.*

Ser data-woke comienza con la conciencia. Los colaboradores deberían hacerse preguntas básicas pero poderosas: "¿De dónde provienen estos datos? ¿Puedo confiar en ellos? ¿Quién es responsable de ellos?". Estas preguntas no requieren habilidades técnicas profundas; requieren curiosidad y accountability. Cuando personas en todos los niveles empiezan a plantearlas, la cultura pasa de un uso pasivo de los datos a un stewardship activo de los mismos.

Por último, ser data-woke implica asumir accountability personal. Ya sea que trabajes en RR. HH. registrando información de empleados, en ventas actualizando oportunidades del pipeline o en atención al cliente documentando interacciones, tus acciones impactan la consistencia, la confianza y la calidad de datos. Cuando todos reconocen su rol en la gobernanza, la chispa del Catalizador de Datos³ se vuelve real e imparable.

Por Qué los Roles Importan Como Catalizador

El Catalizador de Datos³ solo funciona cuando todos los niveles de la organización participan. Por eso los roles importan y por qué nadie puede quedarse al margen:

- **Los Ejecutivos Marcan el Tono:** Sin un patrocinio ejecutivo visible, la gobernanza nunca escala. Las acciones y las historias de los ejecutivos modelan las prioridades para todos los demás. Su tono moldea la cultura.
- **Los Gerentes Traducen la Estrategia:** Los gerentes tienden el puente entre la visión ejecutiva y la realidad de los especialistas. Operacionalizan la gobernanza, integran la literacy y la fluency, y gestionan la resistencia. Sin ellos, la gobernanza se estanca.
- **Los Especialistas la Viven A Diario:** La gobernanza tiene éxito o fracasa en el punto de uso. Los especialistas definen, producen y consumen datos. Si no están involucrados, la gobernanza se vuelve abstracta.
- **Todos los Demás Contribuyen:** Incluso quienes están fuera de roles formales de gobernanza interactúan con los datos todos los días. Personal administrativo, representantes de ventas, personal de RR. HH.: cada uno aporta a la confianza. El rol de todos importa.
- **La Responsabilidad Distribuida Sostiene:** Cuando la responsabilidad se distribuye entre ejecutivos, gerentes, especialistas y el resto de la organización, la gobernanza se vuelve sostenible. Ningún rol la sostiene por sí solo.

Para que cualquier iniciativa de gobernanza tenga éxito, se requiere liderazgo en todos los niveles. Los ejecutivos deben impulsar la chispa, marcando el tono y alineando a la organización para adoptar la gobernanza como un habilitador estratégico. Los gerentes, por su parte, son responsables de operacionalizar esa energía, asegurando que la visión se traduzca en acción en todos los equipos. La Tabla 8 diferencia claramente los roles y responsabilidades de ejecutivos y gerentes, proporcionando una guía clara sobre cómo ambos grupos pueden actuar para generar impulso y asegurar el éxito.

Audiencia	LLamado a la Acción	Primer Paso Práctico	Por Qué Importa
Ejecutivos	Impulsar la chispa	Vincular la gobernanza a las	Marca el tono, señala importancia

		conversaciones estratégicas	
Gerentes	Operacionalizar la energía	Integrar puntos de control en los flujos de trabajo	Reduce retrabajo, construye confianza
Especialistas	Vivir el cambio a diario	Documentar y compartir incidencias de datos	Hace tangible la gobernanza en el punto de uso
Todos los demás	Ser data-woke	Preguntar: "¿De dónde provienen estos datos?"	Construye una cultura de accountability

Tabla 8: Hoja de Ruta de Llamados a la Acción por Nivel

Acciones a Seguir

Ejecutivos, gerentes, especialistas y todos los demás tienen un papel que desempeñar. La gobernanza fracasa cuando se percibe como el trabajo de alguien más. El Catalizador de Datos³ solo funciona cuando la accountability se distribuye y la acción se adapta a cada nivel.

Los ejecutivos deben patrocinar y modelar. Los gerentes deben operacionalizar y reforzar. Los especialistas deben vivir el cambio a diario. Todos los demás deben reconocer su rol en la gobernanza de los datos con los que interactúan. Cada acción, pequeña o grande, contribuye al cubo.

La belleza del Catalizador de Datos³ es que no exige perfección; exige participación. Cada persona que da un paso al frente impulsa a la organización. Y cuando suficientes personas lo hacen, el cambio se convierte en cultura.

El llamado no es opcional. Es esencial. Tu realidad exige datos gobernados. El cubo proporciona el marco. Lo único que falta es tu acción.

Pasos Inmediatos Para la Acción

1. Define una acción para ejecutivos, gerentes y especialistas en tu organización durante este trimestre.

2. Realiza una sesión breve con tu equipo de liderazgo para vincular el Catalizador de Datos³ con los objetivos estratégicos.

3. Anima a los gerentes a pilotar de inmediato un principio del Catalizador de Datos³ en sus equipos.

4. Reconoce a los especialistas que ya están contribuyendo y celebra su rol.

5. Lanza una campaña para elevar la conciencia sobre los datos entre "todos los demás" en la organización.

SIETE

Uniéndolo Todo

El Cubo en Acción

El poder del Catalizador de Datos[3] se entiende mejor no en la teoría, sino en la práctica. Imagina una organización que durante años luchó con reportes contradictorios. Los ejecutivos habían perdido la paciencia, los gerentes pasaban horas conciliando cifras y los especialistas se sentían invisibles. Al entrelazar gobernanza, gestión del cambio y literacy, la organización no solo corrigió los reportes; construyó confianza. De pronto, los ejecutivos tomaban decisiones con seguridad, sin dudar. Los gerentes asignaban recursos de forma más efectiva. Los especialistas veían su trabajo reconocido como esencial para el éxito. Eso es el

Catalizador de Datos^3 en acción: tres disciplinas convergiendo para entregar aceleración, confianza y valor.

Historias como estas no son raras. Están ocurriendo silenciosamente en organizaciones que dejaron de tratar la gobernanza, el cambio y la literacy como proyectos secundarios y empezaron a tratarlos como aceleradores. Una compañía de seguros utilizó el Catalizador de Datos^3 para establecer confianza en los datos, desbloqueando la adopción de la IA en el área de siniestros. Una universidad lo aplicó para armonizar los datos de estudiantes, generando confianza en la analítica que mejoró las estrategias de retención. En ambos casos, la gobernanza por sí sola no habría sido suficiente. La gestión del cambio por sí sola no habría sido suficiente. La literacy o la fluency por sí solas no habrían sido suficientes. Pero al cubo, multiplicaron el impacto y crearon resultados duraderos.

Ejecutivos que antes dudaban de la gobernanza se convirtieron en defensores cuando vieron resultados vinculados a los objetivos de negocio. Gerentes que antes se quejaban de la disrupción se transformaron en champions cuando observaron flujos de trabajo más fluidos. Especialistas que antes resistían la gobernanza se volvieron líderes cuando comprendieron que sus aportaciones sí importaban. La transformación no estuvo en las políticas ni en las herramientas; estuvo en la mentalidad: el reconocimiento de que gobernanza, cambio y literacy, juntas, encienden la aceleración.

Al reflexionar sobre el Catalizador de Datos^3, recuerda esto: la acción es la prueba. Estas historias no son planos de perfección; son evidencia de que el impulso se construye cuando las personas comienzan donde están, aplican los principios de forma consistente y miden los resultados en términos de velocidad, confianza y adopción. El siguiente caso de estudio podría ser el tuyo.

Iluminando el Camino a Seguir

El camino a seguir no es complicado, pero sí requiere valentía. Requiere que los ejecutivos hagan de la gobernanza parte de su ADN estratégico.

Requiere que los gerentes traduzcan la estrategia en prácticas sostenibles. Requiere que los especialistas se presenten cada día, listos para integrar la gobernanza en su flujo de trabajo habitual. Y requiere que todos los demás reconozcan que sus acciones con los datos, grandes o pequeñas, importan más de lo que imaginan.

Para los ejecutivos, el llamado es a exigir una gobernanza que acelere el valor. No se conformen con una gobernanza que exista solo en el papel. Exijan una gobernanza que impulse la adopción, construya confianza y demuestre ROI. Para los gerentes, el llamado es a integrar la gobernanza en las operaciones sin drama, incorporándola en la forma en que el trabajo ya se realiza. Para los especialistas, el llamado es a alzar la voz, compartir su conocimiento y vivir el cambio. Y para todos los demás, el llamado es a ser curiosos, ser responsables y ser data-woke.

El Catalizador de Datos³ proporciona una hoja de ruta: la gobernanza como la estructura, la gestión del cambio como el motor de adopción y la fluency como el multiplicador humano.

Síguelo y descubrirás que los datos dejan de sentirse como una carga. Se sienten como la herramienta más poderosa que tiene tu organización para tener éxito. El camino no es lineal. Habrá resistencia, tropiezos y desvíos. Pero cada paso construye impulso, y cada éxito hace que el siguiente sea más fácil.

Lo más importante es que iluminar el camino a seguir implica negarse a que la gobernanza quede relegada como "trabajo extra". El futuro de tu organización —y de tu estrategia de la IA— depende de contar con datos gobernados. Sin ellos, los riesgos se multiplican. Con ellos, las posibilidades de hacia dónde avanzar se expanden. Este es el momento de dar un paso al frente, encender el catalizador y recorrer el camino con confianza.

La Mentalidad del Catalizador de Datos

En el corazón de este libro hay un cambio simple pero profundo: la gobernanza, la gestión del cambio y la fluency no son tareas pesadas. Son catalizadores. No te frenan. Te aceleran. Esa mentalidad es la base de una nueva cultura: una en la que las personas dejan de preguntar "¿por qué necesitamos gobernanza?" y empiezan a preguntar "¿cómo conseguimos más de ella?". Una vez que ese cambio se afianza, la energía que genera es imparable.

Los ejecutivos con la mentalidad del Catalizador de Datos^3 no toleran datos poco confiables; exigen gobernanza para hacerlos confiables. Los gerentes con la mentalidad del Catalizador de Datos^3 no ven la resistencia como un problema; la utilizan como una fuente de energía para guiar la adopción. Los especialistas con la mentalidad del Catalizador de Datos^3 no se sienten cargados por la gobernanza; se sienten empoderados para contribuir a ella. Y todos los demás, con la mentalidad del Catalizador de Datos^3, no tratan los datos como el trabajo de alguien más; los tratan como un activo compartido que requiere accountability compartida.

La mentalidad importa porque moldea el comportamiento. Cuando la gobernanza se percibe como un fiscalizador, las personas cumplen a regañadientes. Cuando se percibe como un catalizador, las personas contribuyen con entusiasmo. La diferencia entre una adopción lenta y una aceleración rápida suele estar en cómo las personas perciben el trabajo. La mentalidad del Catalizador de Datos convierte la gobernanza en una fuente de orgullo, no de dolor.

Esta mentalidad le pertenece a todos.
Se trata de creer que los datos —
cuando se gobiernan de forma no invasiva,
se adoptan de manera consciente
y se comprenden con fluency—
pueden transformar.

Por Qué las Acciones del Catalizador de Datos³ No Pueden Esperar

En última instancia, el argumento a favor del Catalizador de Datos³ se sostiene en el tiempo. La gobernanza, la gestión del cambio y la fluency no son conceptos que puedan dejarse en pausa hasta que la organización esté "lista". La realidad es que esperar solo hace que el desafío sea mayor. La IA no va a desacelerar, los competidores no van a detenerse y las culturas no se quedarán inmóviles hasta que decidas actuar. Cada día de retraso, el riesgo crece y las oportunidades se reducen. Por eso, la acción no solo es importante, sino urgente. Y por eso cada especialista, gerente y ejecutivo debe tratar la gobernanza como una nueva prioridad, no como un proyecto para "algún día":

- **La IA No Va A Esperar:** La IA está escalando más rápido que la gobernanza. La demora crea riesgo. Actuar ahora asegura que la gobernanza apoye a la IA en lugar de ir detrás de ella.

- **La Confianza Es Frágil:** Cada falla de gobernanza erosiona la confianza, y reconstruirla es difícil. Actuar con rapidez construye credibilidad que se acumula con el tiempo.

- **Los Competidores Se Están Moviendo:** Otros ya están usando datos gobernados para ganar velocidad y confianza. La inacción te deja atrás. La gobernanza ya no es opcional.

- **La Cultura Se Fija de Forma Permanente:** Si la gobernanza no se presenta como un catalizador ahora, corre el riesgo de quedar cimentada como cumplimiento más adelante. Las acciones tempranas moldean la cultura duradera.

- **El Impulso Se Multiplica:** Las pequeñas acciones de hoy crean un impulso que se multiplica. Esperar frena la energía. Actuar incorpora la aceleración en el ADN de la organización.

La urgencia de actuar no puede subestimarse. Ya sea por una IA que avanza sin gobernanza, por la erosión de la confianza o por competidores que se mueven más rápido, los riesgos de la inacción son profundos. La Tabla 9 ofrece una comparación clara, describiendo los factores críticos de urgencia y los riesgos de esperar frente a los beneficios tangibles de actuar ahora. Al abordar estos factores con el marco del Catalizador de Datos³, las organizaciones pueden mitigar riesgos y aprovechar oportunidades que las impulsen por delante de la competencia, asegurando un éxito data-driven sostenible.

Factor de Urgencia	Riesgo de Esperar	Beneficio de Actuar Ahora
IA	Modelos construidos sobre datos sin gobernanza	Adopción confiable y escalable
Confianza	Se erosiona rápidamente, lenta de reconstruir	La credibilidad se acumula con cada éxito
Competidores	Otros avanzan con datos gobernados	Se mantiene la ventaja competitiva
Cultura	La gobernanza queda cimentada como cumplimiento	La gobernanza queda cimentada como catalizador
Impulso	La energía se estanca	Los pequeños logros se multiplican en aceleración

Tabla 9: El Riesgo de Esperar al Catalizador de Datos³

Cierre Convincente: Comparte el Mensaje

Ahora viene la parte en la que te pido que tomes lo que has leído y hagas algo al respecto. No te guardes el Catalizador de Datos³ solo para ti. Compártelo. Háblalo en tu próxima reunión de equipo. Llévalo a tus actualizaciones ejecutivas. Incorpóralo en las conversaciones sobre IA, transformación digital y riesgo. Tu entorno exige datos gobernados —no gobernados con mano dura, sino gobernados mediante el enfoque de Non-Invasive Data Governance. Sin ello, la IA colapsa. La transformación se estanca. La confianza se evapora. Con ello, todo se acelera.

Los ejecutivos no siempre leen libros como este. Dependen de ti para llevarles el mensaje. Sé su traductor. Muéstrales cómo el Catalizador de Datos^3 se conecta directamente con lo que les importa: velocidad, confianza, innovación, cumplimiento y ventaja competitiva. No esperes a que la gobernanza sea asignada como un proyecto. Hazla parte de cada conversación sobre el futuro.

La urgencia es real. Los reguladores están endureciendo exigencias. La IA se expande. Los clientes esperan transparencia. Los competidores avanzan rápido. Este no es el momento de tratar la gobernanza como algo opcional. Es el momento de posicionarla como el acelerador que tu organización necesita. El momento de actuar es ahora.

Sé la chispa que encienda el Catalizador de Datos^3.
Conviértete en la persona que haga que la
gobernanza no solo sea posible, sino imparable.

Acciones a Seguir

Este libro no termina aquí. Termina cuando actúas. Los principios del Catalizador de Datos^3 —gobernanza, cambio y literacy— no están pensados para quedarse en la teoría. Están pensados para cobrar vida en tu organización.

La urgencia es real. La IA ya está aquí. La regulación se está endureciendo. Los clientes exigen confianza. Los competidores avanzan más rápido. No tienes el lujo de tratar la gobernanza como algo opcional. El Catalizador de Datos^3 no es solo un marco; es una guía de supervivencia y un motor de crecimiento.

Tu siguiente paso es compartir este mensaje. Llévalo a tus ejecutivos, a tus gerentes, a tus pares. No esperes el momento perfecto. El momento es ahora. La gobernanza, hecha de manera no invasiva, acelera todo lo demás.

Si este libro encendió algo en ti, no dejes que se apague. Lleva el mensaje hacia arriba, hacia afuera y hacia adelante. Sé el catalizador. Multiplica la chispa. Y ayuda a tu organización a desbloquear la velocidad, la confianza y la innovación que solo los datos gobernados pueden ofrecer.

Pasos Inmediatos Para la Acción

1. Comparte el mensaje central del Catalizador de Datos^3 con tu equipo ejecutivo.
2. Elige un principio del Catalizador de Datos^3 para aplicarlo de inmediato en tu propio rol.
3. Cuenta una historia de éxito de gobernanza para influir en la percepción de otros.
4. Identifica a un socio o par que te ayude a mantener la accountability sobre la acción.
5. Comprométete a ser la voz que lleve el Catalizador de Datos^3 a la cultura de tu organización.

Dónde Obtener Información Adicional Sobre el Catalizador de Datos^3

Al llegar al final de esta parte del libro, espero que te sientas tanto empoderado como preparado para dar vida al Catalizador de Datos^3 en tu organización. Pero también sé que un solo libro, por detallado que sea, no puede responder todas las preguntas. El gobierno de datos, la gestión del cambio y la data fluency son disciplinas dinámicas que evolucionan de la mano de la tecnología, la regulación y la cultura. Si deseas profundizar en los temas que has encontrado aquí, te invito a explorar los numerosos artículos, blogs y recursos que he escrito y compartido a lo largo de los años a través de conferencias, webinars y redes especialistas. Muchos de ellos están disponibles de forma gratuita y todos están diseñados para extender los principios que has leído aquí hacia próximos pasos accionables.

Para quienes desean trabajar directamente conmigo y con mis colegas, el mejor punto de partida es KIK Consulting and Educational Services. En KIK hemos construido una práctica enfocada en ayudar a las organizaciones a formalizar la gobernanza de manera no invasiva, dotándolas de marcos probados, plantillas y enfoques efectivos. Nuestra misión siempre ha sido encontrarnos con las organizaciones donde están, respetar su cultura y guiarlas hacia una gobernanza que acelere resultados sin generar disrupción.

KIK Consulting no trabaja de forma aislada. Durante la última década, he tenido la fortuna de construir alianzas con firmas internacionales que comparten los mismos valores y que extienden el alcance de Non-Invasive Data Governance a sus regiones y mercados. Nuestros colegas de Innoscale AG en Alemania han digitalizado el marco de NIDG en tecnología que hace la gobernanza accesible y accionable para empresas de todo el mundo. En Sudáfrica, InfoBluePrint ha combinado su experiencia en estrategia de datos e implementación con NIDG para ofrecer programas de gobernanza en múltiples industrias. En Norteamérica, hemos colaborado con firmas como Innova COE, cuyas sólidas raíces en gestión del cambio y data fluency ayudan a las organizaciones a poner en práctica NIDG junto con estas otras disciplinas críticas. Cada una de estas alianzas demuestra que la gobernanza no es un concepto local: es global, es universal y resuena allí donde las personas necesitan datos confiables.

Sería imposible cerrar este libro sin reconocer a las personas que más me han influido en el ámbito de los datos. Sus ideas, su trabajo y su compromiso con el avance de nuestra disciplina han moldeado no solo mi forma de pensar, sino también la esencia de lo que he compartido contigo aquí. Larry English, uno de los pioneros tempranos en calidad de datos, nos mostró que la búsqueda de datos confiables es una disciplina de negocio, no solo una tarea técnica. John Ladley, reconocido líder de pensamiento, consultor y autor, ha sido durante mucho tiempo una voz a favor de una gobernanza práctica, centrada en el negocio. Gwen Thomas, fundadora del Data Governance Institute, abrió el camino para muchos de nosotros al formalizar la gobernanza como disciplina y comunidad, incluso antes de que muchas organizaciones tuvieran un nombre para ello.

También me ha marcado Danette McGilvray, cuyo trabajo en calidad de datos y gestión de la información ha enfatizado de forma constante la dimensión humana de los datos, un principio totalmente alineado con el enfoque No Invasivo. David Plotkin ha realizado contribuciones incalculables a través de su escritura y consultoría, mostrando a las organizaciones cómo equilibrar el rigor técnico con las prioridades del negocio. Y no puedo dejar de mencionar a Peter Aiken, cuyo trabajo académico y práctico ha elevado la gestión de datos como una disciplina digna de la atención ejecutiva, ayudando a legitimar roles como el Chief Data Officer. Cada uno de estos líderes me ha brindado —y a la comunidad en general— inspiración y validación. *Si no te mencioné explícitamente aquí, probablemente formes parte de mí y de mi enfoque a través de nuestras interacciones a lo largo de los años, y espero (y confío) en que sepas quién eres.*

Más allá de las personas, la comunidad en sí misma ha sido una influencia constante. A través de conferencias, webinars, asociaciones especialistas y colaboraciones, he podido escuchar, aprender y adaptarme. Cada cliente con el que he trabajado, cada especialista que he conocido ha aportado algo a la historia de NIDG. La verdad es que la gobernanza nunca ha sido la voz de una sola persona. Es una comunidad de especialistas, cada uno aportando sus propias experiencias e ideas, trabajando juntos para construir una comprensión colectiva de lo que significa gestionar y gobernar los datos de forma responsable.

Entonces, ¿por dónde deberías continuar a partir de aquí? Mi sugerencia es simple: empieza donde estás. Utiliza los recursos que tienes, apóyate en los marcos que hemos analizado y no dudes en buscar orientación. Visita el sitio web de KIK Consulting, conéctate con nuestros socios internacionales y sigue el trabajo continuo de las personas que he mencionado. La comunidad de gobernanza está activa y en crecimiento, y al involucrarte en ella encontrarás apoyo, ideas y estímulo para tu propio recorrido con el Catalizador de Datos³.

Para cerrar, te dejo con esta reflexión. El mundo en el que trabajas hoy exige datos gobernados. La IA ha elevado la apuesta, pero la respuesta sigue siendo la misma: formalizar la gobernanza de una manera que trabaje con tu cultura, no contra ella. El camino No Invasivo no es solo un método; es un movimiento. Y los movimientos prosperan cuando las personas los llevan hacia adelante. Toma lo que has aprendido aquí, compártelo con tus ejecutivos y colegas, y sé la voz que cambia la narrativa. Si suficientes personas hacemos eso, el futuro de la gobernanza no girará solo en torno al cumplimiento. Girará en torno a la confianza, la aceleración y a liberar todo el potencial de las personas y de sus datos.

El Papel Que Jugó la IA en la Creación de Este Libro

Sería difícil escribir un libro sobre datos, gobernanza, cambio y fluency en la era de la IA sin reconocer el papel que la propia IA desempeñó para dar vida a esta obra. Las herramientas de IA generativa fueron fundamentales no solo para dar forma al flujo de ideas, sino también para editar y transformar esas ideas en una narrativa más pulida y accesible. Desde la generación de estructuras y el encuadre de conceptos hasta la depuración de borradores y el refuerzo de la claridad, la IA actuó como un verdadero colaborador. Aunque la voz, la visión y el contenido del libro siguen siendo míos, la IA aportó una capa de apoyo que permitió organizar, refinar y entregar las ideas a la velocidad que exige la publicación moderna.

Una de las contribuciones más llamativas de la IA fue la creación de los increíbles gráficos abstractos que aparecen a lo largo del libro. Cada sección está anclada por un visual que representa su mensaje de una forma que las palabras, por sí solas, no podrían captar. Estos diseños, aunque abstractos, evocan la chispa, la estructura y el flujo de los conceptos del Catalizador de Datos[3], y fueron generados con una precisión y creatividad que aceleraron de manera significativa el proceso de diseño. La capacidad de producir gráficos especializados y provocadores en minutos, en lugar de meses, es uno de los ejemplos más prácticos de cómo la IA puede aumentar la productividad.

La IA también aportó valor en lo que me gusta llamar el rol de "limpieza". Todo autor conoce el reto de convertir borradores en bruto en secciones fluidas y atractivas que conecten con lectores de todos los niveles, desde ejecutivos hasta especialistas. Con la IA pude iterar más rápido, eliminar redundancias y asegurar la consistencia del tono en todo el manuscrito. El resultado es una entrega más limpia, más precisa y coherente, que mantiene el foco en las ideas y no en la mecánica de la escritura. La IA no cambió mi mensaje; lo amplificó.

La lección es sencilla: la IA generativa no es un truco ni una amenaza para la creatividad; es la ola del futuro. Quienes aprendan a usarla con criterio descubrirán que simplifica su vida y potencia su productividad. Para mí, ha sido una compañera que aceleró la creación de este libro sin sacrificar autenticidad. Para ti, puede ser lo mismo en tu trabajo diario, en tu práctica de gobernanza o en tu productividad personal. Apréndela, úsala y deja que potencie aquello que ya haces bien. Ese es el verdadero catalizador que la IA representa para todos nosotros.

La Guía de Activación y Aceleración

Secuencia, Rutinas, Playbooks y Guía de Comportamiento

El Motor que Hace Utilizable el Resto del Libro.

La sección Guía de Activación y Aceleración de este libro no es un resumen del contenido: es el **motor de activación** que hace que el resto del libro sea realmente utilizable. Las demás secciones te proporcionan las disciplinas, los canvas y los cambios de mentalidad necesarios. Sin embargo, comprender qué es un catalizador no es lo mismo que convertirse en uno. Esta guía traduce todo, desde el concepto hasta la acción, mostrando cómo integrar gobierno, cambio y fluidez en un único ritmo operativo; cómo generar impulso de manera predecible; cómo colaborar con el liderazgo; cómo planificar un despliegue de 12 meses; y cómo diagnosticar la aceleración utilizando la Prueba SPARK. Nada de esto aparece en secciones anteriores del libro. La Guía de Activación y Aceleración proporciona **la secuenciación, las rutinas, los playbooks y la guía de comportamiento** que transforman las ideas en resultados. Es la sección que garantiza que el libro no solo informe, sino que aporte esa chispa necesaria. Aquí es donde el lector adquiere la confianza y la claridad para liderar, activar y acelerar.

Por Qué la Activación Importa

Llega un momento en todo esfuerzo catalítico en el que saber ya no es suficiente. Has recorrido los marcos de trabajo, los canvas, las visiones generales de las disciplinas y las verdades incómodas sobre por qué el trabajo con datos se estanca con tanta frecuencia. Has reconocido a tu organización en los patrones y barreras que hemos analizado, y has visto cómo el Gobierno de Datos No Invasivo, la Gestión del Cambio y la Data Fluency resuelven distintas partes del rompecabezas. Pero el insight, por sí solo, nunca genera impulso. El reconocimiento no crea tracción. Y el entusiasmo rara vez sobrevive a su primer choque con el comportamiento organizacional real.

La activación es el momento en el que la comprensión se convierte en movimiento: la chispa que prenda la pradera. Es cuando las ideas de este libro dejan de ser interesantes para volverse operativas, cuando se pasa de "esto tiene sentido" a "esto empieza ahora". Esta sección existe para provocar ese cambio. No para añadir más teoría, sino para ayudarte a transformar la comprensión en aceleración.

La mayoría de las organizaciones no fracasan por falta de talento o intención, sino por carecer de una **forma repetible de comenzar**. No saben cómo estructurar los primeros pasos, dosificar las victorias tempranas o reducir la fricción sin diluir la autoridad. Les falta ritmo. En capítulos anteriores se mostró cómo el gobierno aclara roles y expectativas, la gestión del cambio reduce la resistencia y la data fluency construye confianza. La activación es el punto en el que estas tres fortalezas finalmente operan juntas: de forma deliberada, predecible y sin abrumar al negocio. Esto no es animar por animar. Si el entusiasmo fuera suficiente, el gobierno de datos ya sería algo querido. La activación requiere estructura, cadencia y las condiciones adecuadas. Convierte a las tres disciplinas, antes iniciativas separadas, en un único sistema de encendido. Lo que encontrarás en esta sección es una forma práctica y orientada a resultados de poner en marcha ese sistema, para que la organización sienta el cambio de inmediato, no solo de manera teórica.

Recuerda la introducción de este libro y la reacción visceral que muchas personas tienen ante la palabra *gobernanza*. Esa reacción no es solo un problema de marca: es historia. Con demasiada frecuencia, el gobierno se activó mal, se introdujo con reglas en lugar de relevancia y se impuso en vez de clarificarse. El enfoque del Catalizador de Datos[3] te ofrece un punto de partida distinto: alineación, relevancia y evidencia. La activación es el paso que convierte esos puntos de partida en un impulso en el que la organización puede creer. También es el momento en el que tu rol cambia. Hasta ahora has estado absorbiendo, comparando e imaginando cómo podrían funcionar estas disciplinas en tu contexto. La activación te pide dar un paso al frente como creador de catalizadores: alguien que puede **iniciar** un Non-Invasive Data Governance, que puede entretejer la gestión del cambio en las conversaciones mucho antes de que aparezca la resistencia, y que puede crear un entorno en el que la data fluency sea normal y no excepcional.

Vimos anteriormente que cada disciplina aporta algo esencial: el gobierno clarifica, el cambio prepara y la data fluency empodera. La activación utiliza las tres para generar una energía que se compone con el tiempo. Los marcos, los canvas y los modelos operativos importan porque dan forma al instinto, pero es la activación la que les da vida. Sin ella, son documentación elegante; con ella, se convierten en movimiento.

La activación también importa porque toda transformación necesita un **comienzo visible**. Las mejoras silenciosas son valiosas; las mejoras catalizadoras son innegables. Le dicen a la organización "esta vez es diferente", no por eslóganes o ceremonias, sino porque las personas pueden sentir cómo disminuye la fricción y aumenta la claridad. La activación genera evidencia temprana, utilizando herramientas como el Checklist para Alinear la Chispa del Catalizador de Datos³, la Matriz de Alineación de Accountability o el Mapa de Impulso, en las que las personas pueden confiar. Y la necesidad es urgente. El trabajo con datos e inteligencia artificial avanza más rápido de lo que la mayoría de las organizaciones puede gobernar. Las herramientas aparecen más rápido de lo que los equipos de riesgo pueden evaluarlas. Las brechas de data fluency se amplían. Los comportamientos de la IA se vuelven impredecibles. No hay tiempo para despliegues lentos y secuenciales. Se necesita encendido: una forma de comenzar con confianza sin intentar "hervir el océano".

Por eso la activación es central en el concepto del Catalizador de Datos³. Transforma este modelo de una idea atractiva en una ventaja práctica. Evita recaer en viejos hábitos en cuanto aparece una crisis. Y no requiere heroicidades: requiere una secuencia intencional, que esta guía proporciona en forma de rutinas que puedes aplicar de inmediato.

En última instancia, la activación importa porque marca tu transición. Ya no eres solo alguien que entiende por qué el gobierno, el cambio y la data fluency son importantes; eres la persona que hace que importen. Alguien capaz de generar movimiento allí donde la organización históricamente se ha estancado. Alguien que enciende las condiciones para que las personas definan, produzcan y utilicen los datos de forma responsable y con confianza.

Cuando completes esta sección, no solo comprenderás el sistema de El Catalizador de Datos³; estarás listo para encenderlo. La activación es donde comienza la tracción. Es donde la aceleración se vuelve posible. Y es el momento en que tu trabajo se vuelve verdaderamente catalítico.

El *Blueprint* de Integración

Si has leído con atención las secciones anteriores de este libro, ya habrás reconocido un patrón silencioso pero costoso que aparece en casi todas las organizaciones: el Gobierno de Datos, la Gestión del Cambio y la Data Fluency se tratan como iniciativas paralelas, en lugar de disciplinas coordinadas. Viven en hojas de ruta separadas, están lideradas por responsables distintos, se financian a niveles diferentes, se dotan de personal de forma inconsistente y se comunican de manera desigual. Y el resultado es exactamente el que cabría esperar: la gobernanza lanza políticas sin evaluar su adopción, los equipos de cambio planifican comunicaciones sin comprender la fricción incrustada en la calidad del dato o en la ambigüedad de las definiciones, y los programas de literacy enseñan conceptos desconectados de las realidades desordenadas de los flujos de trabajo, las herramientas y las fuentes de datos inconsistentes. Las organizaciones pagan el precio en reprocesos, confusión, entrega lenta de valor y resistencia evitable.

El Blueprint de Integración existe para corregir este patrón. Es el antídoto contra la fragmentación y el sistema operativo que convierte a las tres disciplinas en un único acelerador. Contrario a lo que algunas personas podrían temer, la integración no es trabajo adicional; es trabajo coordinado. Consiste en hacer las cosas correctas en los momentos adecuados, utilizando las fortalezas de una disciplina para reforzar a las demás y creando un ritmo que las organizaciones puedan seguir sin abrumar a nadie. La integración es la coreografía que el negocio no sabía que necesitaba y la coreografía que la mayoría de los líderes nunca ha visto modelada. En su esencia, el Blueprint de Integración se impulsa por un ciclo simple pero profundo:

Alinear → Activar → Acelerar

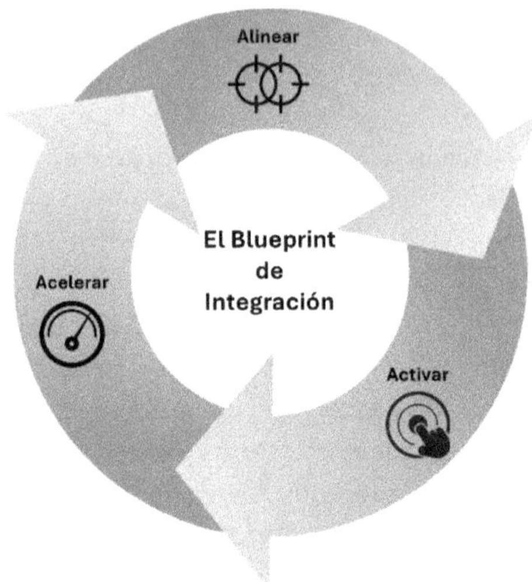

Figura 1: El Blueprint de Integración

Estas tres palabras forman la columna vertebral de todo lo que sigue en esta guía. Son la expresión más simple posible de cómo el Gobierno de Datos, la Gestión del Cambio y la Data Fluency deben interactuar para producir un impulso sostenible. Y representan el flujo que utilizarás no solo para nuevas iniciativas, sino también para cada proyecto de IA, cada esfuerzo de mejora de datos, cada despliegue de analítica, cada revisión de políticas, cada implementación tecnológica y cada plan de modernización en tu organización. Recorramos este ciclo con claridad y precisión, y, lo más importante, con capacidad de repetición.

ALINEAR – Donde Comienza la Claridad

Toda iniciativa de datos e IA debe comenzar con alineación. La gobernanza toma el liderazgo en este punto, porque la alineación sin claridad no es más que confusión coordinada. Aquí es donde se enmarcan explícitamente las definiciones, las decisiones, la responsabilidad y las expectativas antes de que el trabajo comience. La introducción del Non-Invasive Data Governance explica por qué la claridad es el antídoto contra el caos, pero el Blueprint de Integración muestra cómo poner esa claridad en movimiento.

La alineación no es un proceso de planificación de tres meses ni una presentación de 200 diapositivas. Es una rutina de alineación de 45 minutos; una disciplina, no un entregable. La utilizarás cada vez que inicia un proyecto, cada vez que se propone un modelo, cada vez que cambia un flujo de trabajo o cada vez que debe tomarse una decisión sobre datos que impacta a más de un equipo. La rutina de alineación plantea un conjunto breve pero poderoso de preguntas:

- ¿Qué problema estamos resolviendo y a quién le importa que se resuelva?
- ¿Qué decisiones requerirá este trabajo y quién tiene autoridad sobre cada una?
- ¿Qué datos se utilizarán, producirán o modificarán, y cuál es su calidad, sensibilidad y nivel de preparación?
- ¿Qué cambios de comportamiento serán necesarios y dónde es más probable que aparezca la resistencia?
- ¿Qué brechas de data fluency deben abordarse para que las personas adopten el resultado con confianza?

Observa cómo las tres disciplinas están representadas en estas preguntas. La alineación es el momento en el que la gobernanza enmarca la claridad, el cambio anticipa el impacto humano y la data fluency identifica las brechas de preparación. La alineación es el primer punto de entrega en la coreografía, y esta vez nadie deja caer la estafeta.

ACTIVAR – Donde Comienza el Movimiento

Después de la alineación viene la activación, la etapa que acabas de explorar en los párrafos anteriores. Pero dentro del Blueprint de Integración, la activación tiene un significado más específico: es la fase en la que la Gestión del Cambio toma el liderazgo y lleva el proyecto de la claridad al movimiento. La activación no es ruido; es precisión. Es donde la comunicación comienza de forma deliberada, no reactiva. Es donde los roles se preparan intencionalmente en lugar de verse sorprendidos. Es donde el lado humano se convierte en la fuerza habilitadora y no en la fuerza que retrasa.

Aquí, la activación está guiada por la revisión mensual de la tríada: la conversación a tres bandas entre los líderes de gobernanza, cambio y fluency, que hace visibles los desafíos y mantiene la coreografía sincronizada. La revisión de la tríada no es una reunión de estatus; es una verificación de impulso. Se evalúa qué se ha movido, dónde ha surgido fricción y qué ajustes se requieren antes de que la fricción se convierta en fracaso. Dentro de la activación, el flujo se ve así:

- El Gobierno de Datos confirma la claridad de las decisiones y definiciones y asegura que la alineación se mantiene intacta.
- La Gestión del Cambio anticipa la preparación, las necesidades de comunicación, las posibles objeciones y los requisitos de adopción.
- La Data Fluency identifica si los usuarios tienen la confianza, el entendimiento y las habilidades para mantener el ritmo una vez que el cambio se implementa.

La activación convierte la alineación en tracción. En una sección anterior exploramos la psicología detrás de la resistencia. Aquí, en el Blueprint, aprenderás a operacionalizar esa psicología para que la resistencia nunca te tome por sorpresa. La activación asegura que todo lo lanzado durante la alineación tenga un camino humano hacia adelante.

ACELERAR – Donde el Valor Se Multiplica

El paso final de la secuencia es la aceleración, donde la Data Fluency toma el liderazgo. La aceleración es donde guías a las personas no solo a adoptar el cambio, sino a *prosperar dentro de él.* Es donde la competencia se convierte en confianza. Es donde los equipos pasan de necesitar guía a demostrar dominio. La aceleración es el punto de prueba de todo el modelo.

Esta fase incluye el *checkpoint* trimestral de valor, donde la tríada revisa qué valor se ha generado, qué historias pueden publicarse y qué mejoras se requieren para sostener el impulso. El checkpoint de valor no es simplemente un ejercicio de medición; es un ejercicio de construcción de creencias. Cuando publicas y celebras el valor, fortaleces la confianza, y la confianza acelera todo lo que la sigue.

La aceleración también incluye las rutinas de fluency, especialmente los Niveles de Literacy y el Checklist para Alinear la Chispa. En la aceleración, estas rutinas se integran plenamente en los flujos de trabajo, el onboarding, las revisiones de modelos de IA y los ciclos de decisión interfuncionales.

Cuando la aceleración se ejecuta correctamente:

- La gobernanza se normaliza en lugar de negociarse.
- El cambio se anticipa en lugar de resistirse.
- La data fluency se convierte en identidad y no solo en capacitación.

La aceleración completa el ciclo, pero, de forma importante, también lo reinicia. Cada momento de aceleración detona un nuevo momento de alineación para la siguiente iniciativa. Este ciclo es el volante de impulso que explorarás en la siguiente parte de esta sección.

Cómo el Blueprint Crea Coreografía

Para comprender el verdadero poder del Blueprint de Integración, debes verlo como un sistema de movimiento y no como un mecanismo de cumplimiento. Cuando las tres disciplinas interactúan de forma intencional, la organización experimenta:

1. Menos sorpresas
2. Adopción más rápida
3. Decisiones más claras
4. Mayor confianza
5. Resultados más consistentes

6. Menos reprocesos
7. Mayor preparación para la IA

El Blueprint evita la deriva organizacional que ocurre cuando el gobierno, el cambio y la fluency operan en silos. En su lugar, crea coreografía:

- La Gobernanza aporta claridad al Cambio.
- El Cambio transfiere la preparación a la Data Fluency.
- La Data Fluency devuelve confianza a la Gobernanza.

Esta coreografía se convierte en el andamiaje para cada iniciativa futura. El Blueprint de Integración no es conceptual. Es práctico, inmediato e implementable. Estos son los ritmos que lo hacen funcionar:

1. La Rutina de Alineación de 45 minutos: úsala siempre que inicie una nueva iniciativa, modelo o flujo de trabajo. Garantiza que ningún proyecto avance sin claridad compartida.
2. La Revisión Mensual de la Tríada: una conversación estructurada entre los líderes de Gobernanza, Cambio y Data Fluency. Mantiene visible la fricción y sincroniza las decisiones.
3. El Checkpoint Trimestral de Valor: un ritual para publicar logros, analizar resultados y anclar credibilidad. Aquí se refuerza la creencia y se mide la aceleración.
4. La Rotación Continua: Alinear → Activar → Acelerar se convierte en el ritmo organizacional. Cada iniciativa pasa por él. Cada líder empieza a esperarlo. Cada equipo se beneficia de ello.

Por Qué Este Blueprint Importa Ahora

Las organizaciones no pueden permitirse trabajo descoordinado: no en la era de la IA, no en la era de los datos exponenciales, y no cuando el riesgo y la oportunidad crecen de manera simultánea. Las secciones anteriores sentaron las bases de por qué debe elevarse la fluency, mostraron por qué el cambio debe acompañarse cuidadosamente y demostraron por qué el gobierno debe clarificarse. Pero es la integración la que permite que estas disciplinas se enciendan entre sí.

El Blueprint de Integración es donde tu trabajo se vuelve catalítico. Es donde pasas de los marcos al flujo, de la comprensión a la ejecución y del esfuerzo disperso a la aceleración sincronizada. Cuando implementas este Blueprint, no solo gestionas datos: orquestas impulso.

En la siguiente sección profundizaremos en esta idea explorando el Volante de Inercia del Impulso, el motor invisible que convierte la coreografía en aceleración y la aceleración en identidad

---

El Volante de Inercia del Impulso

Si el Blueprint de Integración proporciona la coreografía, el Volante de Inercia del Impulso proporciona el motor. Es el multiplicador de fuerza detrás de todo lo que aparece en este libro, el mecanismo que transforma una sola chispa en aceleración sostenida. El impulso, cuando se diseña de forma intencional, hace mucho más que acelerar un proyecto. Reduce la fricción, construye confianza, amplifica la creencia y crea un ciclo de autorrefuerzo en el que las victorias llegan más rápido y la resistencia pierde su agarre. Cuando hay impulso, las personas se mueven con propósito. Cuando el impulso está ausente, incluso las acciones más simples se sienten como una batalla cuesta arriba. Y la mayoría de las organizaciones, si somos honestos, operan sin ningún impulso real.

Esta parte de la Guía de Activación y Aceleración existe para cambiar eso. El Volante de Inercia del Impulso del Catalizador de Datos[3] convierte el impulso de algo que se espera en algo que se diseña. Y, como cualquier motor, tiene componentes que interactúan en una secuencia específica, donde cada uno impulsa al siguiente. Cuatro fuerzas catalizadoras impulsan el Volante:

Claridad → Adopción → Fluency → Confianza (y de regreso a Claridad)

Esto no es solo un marco conceptual; es la física conductual de la aceleración organizacional. Si revisas el Canvas para Alinear la Chispa y el Modelo Operativo del Non-Invasive Data Governance (descrito en libros anteriores), verás que las semillas de este ciclo ya estaban formándose. La claridad reduce la confusión. La adopción reduce los retrasos. La data fluency reduce los errores. La confianza reduce la resistencia. Pero aquí, en el Volante, estos elementos se convierten en el *sistema de movimiento* de tu transformación.

Analicemos cada fuerza por separado y, a continuación, te mostraremos cómo hacer girar el Volante de Inercia del Impulso de forma intencional, cómo medir las señales de aceleración y cómo recuperarte cuando el impulso, inevitablemente, se estanca.

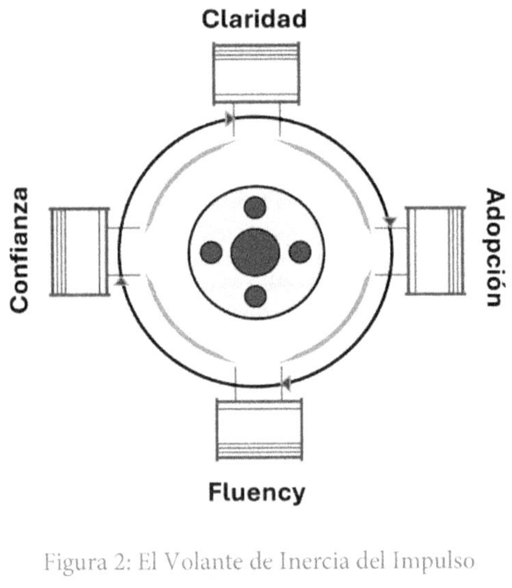

Figura 2: El Volante de Inercia del Impulso

Claridad: El Impulso Inicial

El impulso comienza con la claridad, porque la claridad elimina la vacilación. El Volante de Inercia no puede girar hasta que todos entienden qué está ocurriendo, por qué importa, quién es responsable y qué decisiones deben tomarse. La claridad es el resultado del Gobierno de Datos, específicamente del Non-Invasive Data Governance (NIDG) en su mejor expresión. Cuando estableces claridad desde el inicio, reduces la cantidad de incógnitas que normalmente frena a los equipos.

La claridad no es documentación. Es dirección:

- **Claridad de propósito:** ¿qué resultado estamos persiguiendo?
- **Claridad de definiciones:** ¿qué significa realmente este término?
- **Claridad de autoridad:** ¿quién decide y cuándo se toman las decisiones?
- **Claridad de expectativas:** ¿qué va a cambiar y para quién?

La claridad proporciona el primer impulso al Volante de Inercia al eliminar la fricción cognitiva que paraliza el movimiento inicial. Sin ella, todo lo demás se arrastra.

Adopción: El Impulso Toma Forma

Una vez que la claridad está establecida, el Volante de Inercia entra en la fase de adopción, el dominio en el que la Gestión del Cambio se convierte en el catalizador principal. La adopción no es el momento en que las personas escuchan sobre el cambio; es el momento en que comienzan a actuar de manera diferente a causa del cambio. En secciones anteriores del libro nos centramos en por qué surge la resistencia. Ahora, el Volante de Inercia se enfoca en cómo convertir la preparación en movimiento. La adopción gana fuerza cuando:

- Las personas entienden el "por qué" y se ven a sí mismas dentro de la historia.
- La comunicación es proporcional, no performativa.
- Los líderes refuerzan los cambios de forma visible, no solo teórica.
- Los equipos experimentan victorias tempranas que demuestran que el cambio es real.

La adopción es donde el impulso se vuelve visible por primera vez. Los equipos comienzan a moverse en la misma dirección. La energía aumenta. Las reuniones se sienten más productivas. Las personas dejan de discutir definiciones y comienzan a tomar decisiones. La adopción crea el movimiento hacia adelante que impulsa al Volante de Inercia hacia su siguiente fuerza.

Fluency: El Impulso Se Estabiliza

La fluency es la fase en la que la confianza alcanza al comportamiento. Es la fuerza que evita que el impulso colapse bajo la incertidumbre. En secciones anteriores del libro introdujimos la idea de que la literacy no es un objetivo académico; es un requisito operativo. En este Volante de Inercia, la fluency es donde aprender se convierte en hacer. La fluency crece cuando:

- Las personas tienen las habilidades para usar de manera efectiva los datos o el producto de la IA.
- La capacitación es práctica, basada en roles y vinculada a flujos de trabajo reales.
- Los equipos se sienten capaces, no intimidados, frente a nuevas responsabilidades.
- Las preguntas se responden con rapidez y sin juicio.

La fluency estabiliza el impulso al reducir la variabilidad en el desempeño. Sin fluency, la adopción colapsa y regresa a la confusión. Con fluency, los equipos construyen competencia que alimenta directamente la fuerza final.

Confianza: El Impulso Se Amplifica

La confianza es la fuerza gravitacional del Volante de Inercia, la que ejerce mayor atracción. Cuando las personas confían en los datos, confían en el proceso, confían entre sí y confían en que la gobernanza les ayuda en lugar de restringirlas, todo se acelera. La confianza no es un "nice to have". Es el indicador de si la organización realmente está acelerando. La confianza crece cuando:

- Las victorias son visibles y validadas.
- La calidad de los datos mejora y se mantiene confiable.
- Las decisiones tomadas con datos gobernados producen mejores resultados.
- Los líderes reconocen y refuerzan el progreso.

La confianza es la única fuerza que se compone. Una victoria construye creencia en la siguiente. Un punto de prueba hace que el siguiente sea más fácil de aceptar. Un ciclo de aceleración hace que el siguiente ciclo sea más rápido. En la confianza comienzan a verse retornos exponenciales: la parte "al cubo" del Catalizador de Datos^3 manifestándose en el comportamiento organizacional real.

Y aquí es donde ocurre la magia. La confianza regresa directamente a la claridad. Un sistema confiable hace que la alineación futura sea más sencilla. Las personas dudan menos. Se mueven más rápido. Cuestionan menos. Invierten más. El Volante de Inercia comienza a girar con su propia energía.

Cómo Girar el Volante de Inercia de Forma Intencional

El impulso rara vez aparece por accidente. Surge a través de acciones deliberadas y predecibles. Este es el playbook para hacer girar el Volante de Inercia a propósito:

1. **Comienza con un Impulso de Claridad:** utiliza la rutina de alineación de 45 minutos para establecer la dirección. Esto crea la fuerza inicial necesaria para poner en movimiento el Volante de Inercia.
2. **Lanza una Victoria Rápida y Visible de Adopción:** utiliza un quick win de ≤60 días para demostrar tracción temprana. El objetivo no es la perfección; es la prueba.
3. **Construye Fluency en los Momentos Que Importan:** identifica los 2–3 comportamientos más relevantes y proporciona exactamente la literacy necesaria para respaldarlos. Ni más, ni menos.

4. **Publica Señales de Confianza de Manera Incansable:** comparte evidencia, capturas de pantalla, métricas mejoradas, testimonios de usuarios—cualquier cosa que fortalezca la creencia.
5. **Repite el Ciclo Sin Esperar:** no esperes a la siguiente iniciativa. Aplica el Volante de Inercia a decisiones cotidianas, reuniones y revisiones. Cuanto más frecuentemente lo reinicies, más rápido girará.

Señales de Aceleración: Cómo Saber Que el Volante de Inercia Está Funcionando

Cuando el impulso comienza a consolidarse, lo verás antes de sentirlo. Busca estas señales:

- Las reuniones se acortan porque aumenta la claridad.
- Los equipos escalan menos temas porque la responsabilidad está clara.
- Las personas hacen preguntas de mayor calidad porque aumenta la fluency.
- Los proyectos avanzan más rápido sin heroicidades porque la confianza estabiliza el comportamiento.
- El valor se vuelve más fácil de publicar porque la evidencia se acumula.

Estas señales aparecen de forma sutil al principio. Pero a medida que se acumulan, la aceleración se vuelve cada vez más innegable.

Los Siete Frenos del Impulso (y Cómo Neutralizarlos)

El impulso es frágil, especialmente al inicio. Estos siete frenos aparecen en casi todas las organizaciones:

1. **Responsabilidad Ambigua:** Cuando nadie sabe quién decide, todo se frena. **Solución:** Utiliza siempre la Matriz de Alineación de Accountability.

2. **Comunicación Excesiva Sin Contenido:** El ruido mata la adopción. **Solución:** Utiliza reformulaciones concisas y específicas para cada audiencia.
3. **Capacitación Sin Contexto:** La fluency colapsa cuando el aprendizaje es abstracto. **Solución:** Vincula cada lección a un flujo de trabajo real.
4. **Gobernanza Como Control:** El control frena el impulso. **Solución:** Aplica NIDG. Integra la gobernanza en los procesos existentes en lugar de añadir barreras adicionales.
5. **Fijación en Herramientas:** Las herramientas amplifican el impulso, pero no lo generan. **Solución:** Enfócate primero en los comportamientos, después en las herramientas.
6. **Falta de Evidencia:** Sin victorias visibles, la confianza no puede crecer. **Solución:** Publica pruebas rápidas de forma temprana y frecuente.
7. **Deriva del Liderazgo:** El impulso se degrada cuando los líderes dejan de modelar la creencia. **Solución:** Refuerza los compromisos del liderazgo.

Neutraliza estos frenos desde el principio y el impulso será mucho más fácil de preservar.

Por Qué el Volante de Inercia Es el Corazón de la Aceleración

El impulso ya no es opcional. En la era de la IA, las organizaciones que se mueven lentamente no solo se quedarán atrás: perderán. El Catalizador de Datos[3] es un sistema diseñado para la aceleración, y el Volante de Inercia del Impulso es donde la aceleración se vuelve medible, visible y repetible. Traslada a la organización de la mejora intermitente a la mejora continua, de las victorias aisladas a las victorias acumulativas y del éxito temporal a la ventaja sostenida.

Cuando el Volante de Inercia está girando, todo lo demás en el libro se vuelve más fácil: la gobernanza se siente natural, el cambio se siente esperado, la literacy se siente útil y la IA se percibe como más segura. El

Volante de Inercia es el lugar donde la transformación se convierte en cultura.

El Acuerdo de Liderazgo

Si el Volante de Inercia del Impulso explica *cómo* ocurre la aceleración, el Acuerdo de Liderazgo explica *quiénes* deben hacer posible esa aceleración y qué deben hacer de forma consistente para sostenerla. Ningún esfuerzo catalítico tiene éxito sin liderazgo, pero el tipo de liderazgo que se requiere en el entorno actual es muy diferente de aquel al que la mayoría de las organizaciones está acostumbrada. La gobernanza solía operar discretamente en salas traseras. La gestión del cambio aparecía de manera ocasional alrededor de grandes transformaciones. La data literacy solía tratarse como desarrollo especialista opcional. Pero la convergencia entre datos, riesgo e IA ha cambiado ese panorama de forma permanente. Hoy, los líderes operan en un mundo donde las decisiones conllevan consecuencias exponenciales: éticas, operativas, reputacionales y financieras. Y esas consecuencias se manifiestan más rápido que nunca.

En este contexto, el "patrocinio ejecutivo" es insuficiente. Es fundamental, pero no es un diferenciador. Los ejecutivos que se limitan a patrocinar la gobernanza verán un cumplimiento lento. Los ejecutivos que *modelan activamente las condiciones en las que la gobernanza, el cambio y la fluency pueden prosperar* verán aceleración. El Acuerdo de Liderazgo existe para codificar ese cambio. Aclara los compromisos que se requieren de los ejecutivos y los compromisos recíprocos que se esperan de los equipos de datos. El Acuerdo no es un contrato; es una práctica de liderazgo compartida que regula la relación entre autoridad y accountability, dirección y ejecución, aceleración y gestión del riesgo. Es el tejido que garantiza que todo el concepto del Catalizador de Datos³ no solo sea operativo, sino también cultural.

Por Qué el Acuerdo de Liderazgo Importa Ahora

A lo largo de las secciones anteriores de este libro, hemos mostrado cómo los tres catalizadores —Gobierno de Datos, Gestión del Cambio y Data Fluency— deben integrarse para funcionar como un único acelerador. Pero la integración no puede ocurrir únicamente dentro del equipo de datos. Debe ser modelada, reforzada y protegida por el liderazgo. Las organizaciones que carecen de un Acuerdo de Liderazgo suelen mostrar uno de estos tres patrones:

1. La gobernanza queda superada por la turbulencia política, perdiendo impulso cada vez que cambia el liderazgo o se modifican las prioridades.
2. El trabajo de cambio se vuelve meramente declarativo, reducido a ráfagas de comunicación en lugar de generar un cambio real de comportamiento.
3. La literacy se convierte en un "nice to have", impartida como sesiones de capacitación que no influyen en las decisiones, los modelos ni los resultados de la misión.

El Acuerdo de Liderazgo resuelve estas fallas al articular expectativas en ambos lados. Los ejecutivos crean las condiciones y los equipos de datos entregan la evidencia. Los ejecutivos marcan el tono y los equipos de datos sostienen la cadencia. Los ejecutivos refuerzan las prioridades y los equipos de datos refuerzan la confianza.

Esta asociación refleja el corazón mismo del Non-Invasive Data Governance, donde la gobernanza no es una función de control, sino un modelo de responsabilidad compartida integrado en el trabajo cotidiano. La Sección Ocho es donde todos estos hilos convergen, y el Acuerdo de Liderazgo garantiza que se mantengan firmes bajo la presión del mundo real.

Compromisos de la Alta Dirección	Compromisos del Equipo de Datos
Impulsar Públicamente Decisiones Gobernadas	**Entregar Evidencia Temprana**
La alta dirección modela comportamientos gobernados utilizando datos confiables, definiciones validadas e insights respaldados por linaje en foros visibles. Esto normaliza la claridad y envía la señal de que la toma de decisiones gobernada es el estándar organizacional.	Los equipos de datos proporcionan evidencia rápida y visible de progreso, especialmente durante los primeros 60 días. La evidencia construye confianza y acelera el impulso, reforzando los principios del Volante de Inercia del Impulso.
Proteger la Gobernanza Frente a la Turbulencia	**Mantenerse No Invasivo por Diseño**
El liderazgo protege los esfuerzos de gobernanza frente a cambios de prioridades, reorganizaciones o distracciones derivadas de crisis. La continuidad garantiza que la gobernanza se convierta en un pilar, y no en una víctima, del cambio organizacional.	Los equipos de datos integran la gobernanza en los flujos de trabajo existentes en lugar de introducir barreras adicionales. Esto reduce la resistencia, mejora la adopción y operacionaliza los principios de NIDG presentados anteriormente en el libro.
Exigir Accountability de Forma Consistente	**Priorizar la Relevancia Sobre la Complejidad**
La alta dirección espera que las definiciones, decisiones y umbrales de calidad se respeten una vez aprobados. La exigencia consistente construye alineación organizacional y evita que la gobernanza se convierta en meramente consultiva.	Los equipos de datos simplifican los conceptos de gobernanza, traducen el lenguaje técnico a términos de negocio y anclan todas las recomendaciones a la misión o a los resultados del negocio. La complejidad frena el Volante de Inercia; la relevancia lo acelera.
Elevar la Literacy Como Prioridad Estratégica	**Integrar la Gobernanza en el Trabajo Diario**
Los líderes tratan la fluency como una capacidad central necesaria para la preparación en IA, la confianza operativa y la reducción del riesgo. El crecimiento de la fluency se acelera cuando los líderes la presentan como esencial para el desempeño y no como algo opcional.	Los equipos trasladan la gobernanza aguas arriba, integrándola en los ciclos de entrada, diseño, desarrollo y revisión, de modo que la calidad, la consistencia y la responsabilidad se construyan desde el inicio en lugar de inspeccionarse después. La gobernanza se convierte en parte del trabajo, no en una ocurrencia posterior.

Compromisos de la Alta Dirección	Compromisos del Equipo de Datos
Celebrar y Escalar Victorias Tempranas	**Tratar la Literacy Como Una Relación Continua**
La alta dirección amplifica las pequeñas victorias para reforzar la creencia, demostrar progreso y energizar el impulso. Esto fortalece el componente de confianza del Volante de Inercia e inspira la adopción transversal.	Los equipos de datos refuerzan los conceptos de literacy a lo largo del tiempo, actualizan ejemplos conforme evolucionan las herramientas y los datos, y colaboran con líderes del negocio para convertir la literacy en una capacidad continua, y no en una instrucción puntual.

Tabla10: El Acuerdo de Liderazgo

Compromisos de la Alta Dirección: Lo Que el Liderazgo Debe Aportar

La primera mitad del Acuerdo define a qué se compromete la Alta Dirección —no en términos aspiracionales, sino conductuales—. Estos compromisos no son ceremoniales; son operativos. Cada uno alimenta directamente al Volante de Inercia.

1. **Impulsar Públicamente Decisiones Gobernadas:**
   La alta dirección debe modelar comportamientos gobernados de manera visible. Cuando el CEO, el CDAO o el CIO utilizan definiciones gobernadas, hacen referencia a métricas confiables o exigen validación de linaje, la organización sigue el ejemplo. Así es como la claridad (la primera fuerza del Volante de Inercia) se vuelve cultural y no intermitente.
2. **Proteger La Gobernanza Frente a la Turbulencia:**
   Las organizaciones cambian prioridades de forma constante, pero no se puede permitir que la gobernanza se reinicie cada seis meses. La alta dirección debe garantizar continuidad, especialmente durante cambios organizacionales, transiciones de liderazgo o crisis emergentes. Proteger la gobernanza no significa frenar el cambio; significa preservar las estructuras que permiten que el cambio tenga éxito.
3. **Exigir Responsabilidad Consistentement:**
   Los líderes deben esperar que los equipos cumplan las decisiones, definiciones y umbrales de calidad una vez acordados. La

responsabilidad no es castigo; es alineación. Este compromiso asegura que la gobernanza no se convierta en meramente consultiva; se vuelve operativa.

4. **Elevar la Literacy a Prioridad Estratégica:**
   La alta dirección debe tratar la data fluency no como capacitación, sino como una capacidad crítica. Cuando los líderes hablan de la literacy como esencial para la reducción del riesgo, la preparación de la misión y la confianza en la IA, la fluency crece más rápido y más lejos. Los Niveles de Literacy presentados anteriormente en el libro se vuelven verdaderamente accionables solo cuando se priorizan desde la cúspide.
5. **Celebrar y Escalar Victorias Tempranas:**
   El impulso se frena cuando el liderazgo ignora el progreso. La alta dirección debe amplificar los quick wins de 60 días establecidos anteriormente en el libro y utilizarlos para construir creencia y confianza entre áreas.

Estos compromisos definen el entorno de liderazgo en el que la aceleración se vuelve posible. Sin ellos, incluso los sistemas de gobernanza mejor diseñados terminarán por frenarse.

Compromisos del Equipo de Datos: Lo Que Aportan los Especialistas

La asociación requiere reciprocidad. La segunda mitad del Acuerdo define a qué se comprometen los equipos de datos, no en teoría, sino en la práctica:

1. **Entregar Evidencia Temprana:** El modelo del Catalizador de Datos^3 se apoya en victorias rápidas, visibles y recurrentes. Los equipos de datos deben comprometerse a entregar evidencia de forma temprana y frecuente. Así es como las organizaciones construyen confianza en los datos, que —como vimos anteriormente en esta sección— es la fuerza final del Volante de Inercia del Impulso.
2. **Mantenerse No Invasivo por Diseño:** NIDG es un principio central de este libro. Los equipos de datos deben

comprometerse a integrar la gobernanza en los procesos existentes, no a añadir burocracia. Esto acelera la adopción y reduce la resistencia durante las fases iniciales de activación.

3. **Priorizar la Relevancia Sobre la Complejidad:** Los equipos de datos deben traducir la gobernanza, el cambio y la literacy a un lenguaje y a acciones que el negocio comprenda. La complejidad frena el Volante de Inercia; la relevancia lo acelera.
4. **Integrar la Gobernanza en el Flujo de Trabajo, No Como Ocurrencia Posterior:** La gobernanza no debe situarse al final del proceso actuando como una barrera. Los equipos de datos se comprometen a llevar la gobernanza aguas arriba, integrándola en las fases de entrada, diseño, desarrollo de modelos, pruebas y producción.
5. **Tratar la Literacy Como Una Relación Continua:** La fluency no puede ser un evento único de capacitación. Los equipos de datos se comprometen a colaborar con los líderes del negocio para reforzar conceptos, compartir nuevos ejemplos y ampliar capacidades en ciclos, no en sesiones aisladas.

Estos compromisos garantizan que los equipos de datos no estén esperando a que el liderazgo actúe; están activando en paralelo.

Cómo el Acuerdo Acelera Todo lo Demás

El Acuerdo convierte tres disciplinas separadas en un único sistema de liderazgo. En lugar de que el liderazgo diga "gobiernen mejor", la alta dirección dice:

- "Reforzaremos las decisiones gobernadas."
- "Eliminaremos barreras para ustedes."
- "Amplificaremos sus victorias."
- "Modelaremos los comportamientos que esperamos."

Y el equipo de datos responde:

- "Demostraremos valor de forma temprana."
- "Mantendremos la gobernanza no invasiva."
- "Integraremos la gobernanza en el trabajo, no añadiremos trabajo."
- "Construiremos capacidad, no confusión."

Esta claridad mutua, este acuerdo operativo compartido, refuerza cada sección del libro. Fortalece la alineación, clarifica la responsabilidad, acelera la adopción del lado humano y sostiene el aprendizaje. Es la arquitectura conectiva que da soporte a todo el modelo del Catalizador de Datos³.

Con el Acuerdo de Liderazgo en vigor, la organización no solo implementa Gobierno de Datos, Gestión del Cambio y Data Fluency; los acelera.

La Hoja de Ruta de 12 Meses

Ahora la pregunta es: *¿Cómo llevo todo esto a la práctica en mi organización sin abrumar a nadie, incluyéndome a mí mismo?*

Aquí es donde entra en juego la Hoja de Ruta del Catalizador a 12 Meses. No es un plan de proyecto. No es una lista de verificación, ni un modelo de madurez, ni un mandato de transformación. Es una secuencia (un ritmo) diseñada para ayudarte a construir impulso en un entorno donde las demandas del negocio, los ciclos presupuestarios, las prioridades del liderazgo y las presiones tecnológicas cambian constantemente. Es una forma de introducir el enfoque del Catalizador de Datos³ en tu ecosistema de manera gradual, aterrizada y profundamente no invasiva.

Las ideas no transforman a las organizaciones. Los ritmos sí. Los ritmos crean expectativa. La expectativa crea hábito. El hábito crea identidad. La Hoja de Ruta del Catalizador a 12 Meses se construye sobre estos principios. Te ofrece cuatro fases alineadas con las disciplinas: **Fundación → Activación → Expansión → Aceleración.** Cada una dura aproximadamente un trimestre, aunque el calendario puede ajustarse sin romper el modelo. El objetivo no es crear más trabajo. El objetivo es guiar a la organización para que haga el trabajo correcto, en el momento correcto.

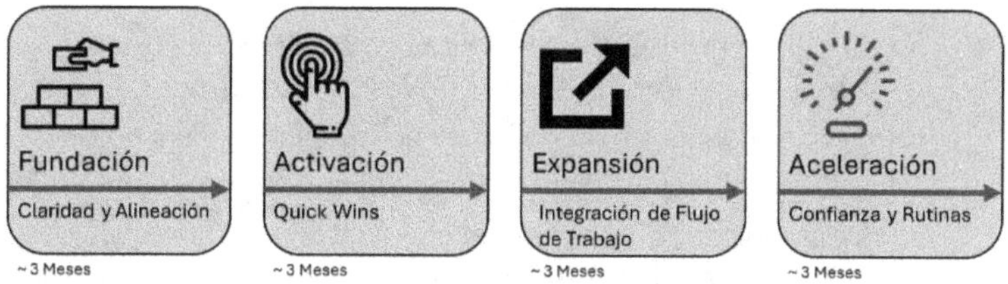

Figura 1: La Hoja de Ruta del Catalizador

Esta hoja de ruta es el puente entre saber y convertirse. Y en la era de la IA, donde las fallas de gobernanza se amplifican, la saturación del cambio es constante y las brechas de fluency impactan directamente el riesgo, nunca ha sido más necesario convertirse.

Fase 1: Fundación (Meses 1–3)

Propósito: establecer claridad, credibilidad y alineación: los elementos que impulsan el primer giro del Volante de Inercia del Impulso.

La fase de Fundación es el momento en el que preparas el escenario para cada acción catalizadora que vendrá después. Así como construir una casa requiere más atención en nivelar el terreno que en instalar el techo, construir una organización Catalizadora exige establecer claridad estructural antes de asumir cargas de trabajo transformadoras.

En la fase de Fundación no estás "implementando gobernanza". No estás vendiendo el cambio. No estás enseñando literacy a escala. Estás estableciendo las *condiciones bajo las cuales los catalizadores pueden operar juntos*. Esta fase es intencionalmente ligera en carga de trabajo, pero intensa en alineación.

1. **Establecer el Norte Verdadero:** Tu Norte Verdadero es la expresión concreta de por qué la gobernanza, el cambio y la fluency importan en tu contexto. Debe conectarse directamente

con el valor de negocio, el impacto en la misión o la reducción del riesgo. Sin él, cada decisión se vuelve negociable; con él, las decisiones quedan ancladas. En la fase de Fundación, finalizas el Norte Verdadero junto con tu patrocinador ejecutivo, idealmente la persona que firmará el Acuerdo de Liderazgo.

2. **Lanzar el Glosario:** Comienzas con los 10–20 términos de alto valor recopilados a través de las áreas del negocio. Este no es el "glosario empresarial" que consume seis meses y tres comités. Es un acelerador de gobernanza: un lenguaje compartido que reduce la fricción de inmediato. En la fase de Fundación es pequeño, pero el impacto es enorme: alineación, claridad y reducción del ruido.
3. **Formar la Tríada del Catalizador:** Como viste anteriormente en el libro, la Tríada del Catalizador es la estructura operativa de liderazgo compuesta por gobernanza, cambio y fluency. No necesariamente tienen que ser tres personas distintas; en muchas organizaciones son roles y no títulos. La Tríada se convierte en tu motor mes a mes. En esta fase, simplemente identificas los roles, defines expectativas y estableces los ritmos de reunión.
4. **Aplicar el Checklist para Alinear la Chispa del Catalizador de Datos³:** El Checklist para Alinear la Chispa del Catalizador de Datos³ se convierte en tu primer instrumento real. En la fase de Fundación, lo utilizas para dar forma al alcance y a las expectativas de la primera iniciativa de quick win. *Strategy*, *Participation*, *Adoption*, *Reinforcement* y *Knowledge Transfer*: las cinco dimensiones de SPARK comienzan a hacerse visibles.

Entregables de la Fase 1

- Declaración de Norte Verdadero completada.
- Glosario inicial (ligero) v1.
- Roles de la Tríada del Catalizador definidos y reuniones mensuales de 60 minutos programadas.
- Primer Checklist para Alinear la Chispa del Catalizador de Datos³ elaborado para la iniciativa seleccionada.

Checkpoints

- ¿Los líderes entienden por qué el enfoque del Catalizador es importante?
- ¿El negocio entiende, al menos a alto nivel, lo que viene?
- ¿Se están identificando quick wins en lugar de grandes transformaciones?

Señales de Alerta

- Intentar escalar la literacy demasiado pronto.
- Tratar de realizar cambios de políticas a nivel organizacional antes de que exista claridad.
- No invertir tiempo ejecutivo en el Norte Verdadero.
- Una Tríada solo de nombre, no en la práctica.

Fase 2: Activación (Meses 4–6)

Propósito: Pasar de la claridad a la acción. Dar a las personas lo que necesitan para comenzar, no lo que necesitarán para terminar.

La activación es el momento en el que la chispa toca la pradera. En esta fase comienzas a utilizar los instrumentos introducidos en secciones anteriores como verdaderos aceleradores, y no como artefactos. No estás construyendo un programa de gobernanza; estás construyendo comportamientos gobernados. No estás lanzando un "plan" de cambio; estás habilitando la adopción. No estás creando materiales de literacy; estás desarrollando capacidad que respalda directamente la primera iniciativa de quick win.

1. **Implementar la Matriz de Alineación de Accountability:** Aquí es donde la gobernanza se vuelve visible. Al clarificar los roles de Responsable, Accountable, Consultado e Informado, así como la Autoridad de Decisión, eliminas la ambigüedad. La gobernanza se vuelve estructural, no sentimental. La matriz se aplica específicamente a la iniciativa identificada en el Checklist para Alinear la Chispa del Catalizador de Datos[3]. Comienza pequeño. Impacta en grande.

2. **Definir la Ruta de Cambio:** La Ruta de Cambio identifica quién debe cambiar qué, para cuándo y con qué apoyo. Es ligero y profundamente práctico. En la fase de Activación, lo adaptas a la iniciativa seleccionada en la Fase 1. Reencuadra el cambio: de mensajes al comportamiento.
3. **Lanzar el Primer Ciclo de Quick Win (Victoria de 60 días):** Anteriormente en el libro se definió la importancia de entregar evidencia en ≤60 días. Tu primer quick win ocurre aquí. Debe ser lo suficientemente pequeño para completarse rápido, pero lo bastante significativo como para publicarse: una reducción de conflictos en reportes, una disputa de definiciones resuelta, un indicador confiable reconstruido para analítica, o una revisión de modelos completada utilizando criterios de gobernanza.

Entregables de la Fase 2

- Matriz de Alineación de Accountability definida para la iniciativa.
- Ruta de Cambio desarrollada para los roles impactados.
- Primer quick win de 60 días entregado.
- Evidencia de antes y después documentada.

Checkpoints

- ¿La tríada se reúne mensualmente y ajusta roles?
- ¿Las personas comienzan a reconocer las decisiones gobernadas como "la forma en que trabajamos"?
- ¿Los gerentes están apoyando —y no resistiendo— los cambios de comportamiento?

Señales de alerta

- Intentar convertir el quick win en un proyecto grande.
- Entregar "resultados" pero no "evidencia".
- Que la gobernanza derive hacia el control en lugar de la aceleración.
- Tratar la gestión del cambio como comunicación y no como un cambio real de comportamiento.

Fase 3: Expansión (Meses 7–9)

Propósito: Ampliar la capacidad sin ampliar la carga. Difundir valor, no burocracia.

Este es el momento en el que la organización empieza a sentir el cambio. El primer quick win ha creado creencia. El glosario crece de forma natural. La Tríada se reúne con regularidad. La Matriz de Alineación de Accountability está reduciendo la fricción. Y ahora extiendes esta capacidad a más áreas, sin sobrecargar al negocio ni a la tríada con complejidad innecesaria:

1. **Integrar la Gobernanza en el Flujo de Trabajo:** En lugar de introducir la gobernanza al final de un proyecto (como una revisión o checkpoint), la integras en la entrada, el alcance, las reglas de calidad, el desarrollo de modelos y las mejoras de sistemas. Esto es Non-Invasive Data Governance en acción. Las personas siguen la gobernanza porque es la forma más simple de hacer su trabajo, no un paso adicional.
2. **Escalar la Literacy Práctica:** Introduces los Niveles de Literacy Fundamental, Funcional y Aplicada, y cómo se alinean con los distintos roles. No estás creando un programa universitario; estás construyendo fluency que respalda la toma de decisiones. En esta fase, la literacy se vuelve relevante, contextual y vinculada al trabajo real, en lugar de un ejercicio académico.
3. **Establecer Rutinas de Decisión Interfuncionales:** Con múltiples equipos participando, las decisiones deben volverse más fluidas, rápidas y transparentes. Implementas rutinas ligeras como *triages* de decisión de 20 minutos, sincronizaciones semanales entre dueños de dominio y revisiones trimestrales de decisiones. Estas rutinas eliminan la ambigüedad y aceleran la adopción.

Entregables de la Fase 3

- Gobernanza integrada en flujos de trabajo seleccionados.
- Niveles de Literacy lanzados (Fundamental, Funcional y Aplicada), con ejemplos adaptados a tu negocio.

- Rutinas de decisión interfuncionales operativas.
- Dos *quick wins* adicionales entregados.

Checkpoints

- ¿Las personas utilizan el glosario porque funciona y no porque se les indicó hacerlo?
- ¿Está disminuyendo el volumen de disputas sobre datos?
- ¿Los equipos utilizan la Matriz de Alineación de Accountability sin necesidad de recordatorios?

Señales de alerta

- Empujar la literacy como capacitación y no como una capacidad.
- "Crecimiento descontrolado de la gobernanza", cuando los equipos intentan añadir complejidad innecesaria.
- Rutinas de decisión que se convierten en reuniones burocráticas.

Fase 4: Aceleración (Meses 10–12)

Propósito: hacer de la aceleración el estado por defecto, y no una novedad.

La aceleración no consiste en ir más rápido. Consiste en avanzar más rápido *con claridad, confianza y alineación*. Es la fase en la que la identidad del Catalizador echa raíces, en la que los principios del Catalizador de Datos³ se vuelven autorreforzantes y en la que la tríada se convierte en un verdadero socio estratégico del liderazgo:

1. **Medir la confianza:** La confianza se vuelve cuantificable. Utilizas mediciones de confianza, ya sea mediante encuestas, indicadores operativos o métricas de calidad, para evaluar cómo la organización percibe los datos, las decisiones y las definiciones. La confianza no es un sentimiento; es una señal. Y en esta fase, las señales importan.

2. **Publicar historias y evidencia:** Las victorias de gobernanza suelen ser silenciosas. Las victorias del cambio, a menudo invisibles. Las victorias de la literacy, frecuentemente personales. Publicar historias las convierte en cultura. Destacas evidencia de antes y después, visibilizas a los dueños de dominio, pones en foco a analistas que resolvieron problemas reales y celebras a equipos que previnieron riesgos de IA. Estas historias construyen creencia, y la creencia acelera todo.
3. **Reforzar rutinas de valor:** Comienzas a establecer rituales: Revisiones del Modelo Catalizador trimestrales, Actualizaciones de Fluency anuales, revisiones semestrales de accountability y reuniones breves mensuales de gobernanza. Estas rutinas hacen que el sistema del Catalizador sea predecible, duradero y escalable.
4. **Convertir las prácticas del Catalizador a hábitos organizacionales:** La aceleración se convierte en cultura cuando se convierte en memoria. Integras las prácticas del Catalizador en el onboarding, en las expectativas de rol, en las conversaciones de desempeño y en los procedimientos de gobernanza de modelos. Ya no estás "implementando gobernanza"; estás institucionalizando claridad, adopción, fluency y confianza.

Entregables de la Fase 4

- Medición de confianza implementada y línea base establecida.
- Tres historias publicadas y una presentación ejecutiva destacada.
- Rutinas del Catalizador institucionalizadas.
- Prácticas del Catalizador integradas en al menos un proceso empresarial.

Checkpoints

- ¿Los equipos solicitan apoyo del Catalizador en lugar de evitarlo?
- ¿Se están reduciendo las brechas de literacy?
- ¿Las disputas sobre datos se resuelven más rápido?
- ¿El liderazgo refuerza públicamente las decisiones gobernadas?

Señales de alerta

- El impulso se frena debido a distracciones del liderazgo.
- Rutinas que derivan en reporteo en lugar de aprendizaje.
- Nuevos líderes que devuelven la gobernanza a un territorio exclusivamente de TI.

Por Qué Esta Hoja de Ruta Funciona

La Hoja de Ruta del Catalizador a 12 Meses funciona porque está basada en el comportamiento humano, la realidad organizacional y la naturaleza aceleradora de los tres catalizadores. No es un enfoque pesado en políticas ni centrado en la parte alta de la organización. Es un enfoque centrado en el movimiento: gobernado, acompañado y habilitado por capacidades. Funciona porque:

- Sigue la secuencia natural de cómo aprenden las organizaciones.
- Genera valor temprano que construye creencia.
- Respeta la saturación del cambio.
- Vincula la gobernanza con el trabajo real desde el primer momento.
- Evita que la literacy se convierta en teoría.
- Distribuye la responsabilidad sin diluir la accountability.
- Hace que la aceleración sea medible.

Y, lo más importante, reemplaza el agobio por orden.

La Prueba SPARK

A estas alturas, has asimilado una enorme cantidad de contenido: disciplinas, canvas, ejemplos, historias y una hoja de ruta para el primer año de transformación. Pero antes de pasar a las partes finales de esta guía, necesitamos abordar una pregunta que aqueja a casi toda iniciativa de datos, IA, gobernanza o transformación que he encontrado:

¿Cómo sabes si algo de esto realmente está funcionando?

A las organizaciones les encanta la ilusión de progreso. Les gustan los modelos de madurez, los dashboards, los marcadores de estado *RAG (retrieve, augment, generate)* y las actualizaciones trimestrales que hacen parecer que todo avanza. Pero, en realidad, muchos de esos indicadores miden actividad y no aceleración. Miden volumen y no comportamiento. Miden cuánto se produce y no cuánto se adopta. En un sistema catalítico, nada de eso es suficiente.

Si el Catalizador de Datos[3] trata de algo, es de cambiar la forma en que la organización se mueve: cómo toma decisiones, adopta nuevas prácticas, reduce fricción, construye confianza y, en última instancia, convierte la intención en aceleración. Esos resultados no pueden medirse contando artefactos. Deben medirse observando comportamientos.

Ese es el propósito de la Prueba SPARK.

A diferencia de un modelo de madurez, que anima a las organizaciones a escalar peldaños teóricos, la Prueba SPARK plantea un conjunto de preguntas más simple, pero mucho más trascendental: *¿Estás acelerando? ¿Los catalizadores están echando raíces? ¿Las personas se comportan hoy de manera distinta a como lo hacían ayer?* Si la respuesta es "sí", vas por buen camino. Si la respuesta es "no", la Prueba SPARK te indica exactamente dónde intervenir.

No se trata de una evaluación única. Es un instrumento vivo que evoluciona a medida que evoluciona tu organización. Se convierte en tu sistema de alerta temprana, tu brújula de alineación, tu indicador de confianza y tu barómetro de comportamiento.

SPARK significa Strategy, Participation, Adoption, Reinforcement y Knowledge Transfer: los cinco comportamientos que determinan si el trabajo catalítico echará raíces. Veámoslos uno por uno.

Strategy: ¿Estamos Alineados a Resultados?

Strategy es la primera dimensión porque constituye la base de todo lo demás en el Catalizador de Datos³. Lo viste anteriormente cuando exploramos el Norte Verdadero, y lo viste reforzado en los canvas y en la Hoja de Ruta de 12 Meses. Sin alineación estratégica, la gobernanza se vuelve intermitente, el cambio se vuelve cosmético y la literacy se vuelve académica. Strategy es el ancla que evita la deriva. La dimensión de Strategy en la Prueba SPARK plantea tres preguntas conductuales simples:

1. ¿Los equipos hacen referencia de manera consistente al Norte Verdadero al tomar decisiones?
2. ¿Las iniciativas de datos, IA y gobernanza están directamente vinculadas a resultados medibles? No aspiraciones vagas, sino resultados concretos.
3. ¿Existe coherencia visible en las prioridades entre los grupos de negocio, técnicos y de liderazgo?

La puntuación de Strategy se realiza en una escala de 0 a 5, y no en función de cuántos documentos estratégicos existen, sino de cómo el comportamiento estratégico se manifiesta en reuniones, decisiones, *trade-offs* y escalaciones.

- 0–1: La estrategia es aspiracional, pero está desconectada del trabajo.
- 2–3: La estrategia se entiende, pero se aplica de forma inconsistente.
- 4–5: La estrategia guía las decisiones diariamente y reduce la fricción porque todos saben qué es lo más importante.

Entre las señales de advertencia más comunes están líderes que aprueban trabajos que contradicen el Norte Verdadero, equipos que preguntan "¿por qué estamos haciendo esto?" semanas después de iniciado un proyecto, o disputas entre dominios por prioridades. Las vías de mejora incluyen revisar el Norte Verdadero con el liderazgo, vincular los artefactos a resultados en el Checklist para Alinear la Chispa del

Catalizador de Datos[3], o reforzar públicamente la alineación estratégica en foros de liderazgo.

Strategy no trata de tener un plan.
Trata de tomar decisiones que lo honren.

Participation: ¿Las Personas Correctas Están Involucradas de la Manera Correcta?

La participación no es asistencia. No es volumen de reuniones. No es cuántas personas se presentan a un taller. La participación trata de preparación, responsabilidad y contribución. Trata de la calidad del involucramiento, no de la cantidad. Esta dimensión refuerza el principio central del Non-Invasive Data Governance: que la gobernanza funciona cuando las personas participan a través de sus responsabilidades existentes basadas en roles, y no como un trabajo adicional.

La Prueba SPARK evalúa la participación examinando:

1. **Claridad de rol:** ¿Las personas saben dónde encajan en la gobernanza, el cambio y la literacy?
2. **Preparación:** ¿Los participantes llegan a las decisiones con datos, análisis y contexto listos? No opiniones, sino evidencia.
3. **Ownership:** Cuando surge fricción, ¿las personas escalan con criterio y resuelven los problemas con rapidez, en lugar de postergarlos?

Una puntuación de 0–1 sugiere que existe una gobernanza posicional: títulos sin participación. Una puntuación de 4–5 indica que la stewardship distribuida está funcionando: la organización rema en la misma dirección sin que se le tenga que indicar.

Las señales de advertencia incluyen silencio pasivo durante revisiones, escalaciones recurrentes causadas por las mismas personas o dueños de dominio que son "dueños" solo en el papel. Las vías de mejora incluyen reforzar la asignación R/A/C/I, utilizar la tríada para acompañar los roles o incorporar las expectativas de participación en los seguimientos rutinarios de gobernanza.

La participación es el oxígeno del trabajo catalítico.
Sin ella, nada se enciende.

Adoption: ¿Las Personas Están Utilizando las Nuevas Formas de Trabajar?

Esta es una de las dimensiones más esenciales porque indica si el cambio es operativo y no solo en apariencia. La adopción es comportamiento observable: lo que las personas hacen, no lo que dicen. La Prueba SPARK evalúa la adopción observando:

1. El uso de definiciones gobernadas, activos de datos y flujos de trabajo.
2. ¿El glosario ha reemplazado las definiciones de pasillo? ¿Las personas utilizan fuentes de datos certificadas en lugar de hojas de cálculo paralelas?
3. Comportamiento en modelos: ¿los equipos utilizan criterios de gobernanza en el trabajo de la IA y la analítica?
4. Higiene de decisión: ¿las decisiones se trazan a datos confiables? ¿Las disputas se resuelven con mayor rapidez?

La adopción se evalúa observando el comportamiento, no encuestando opiniones:

- 0–1: Los equipos reconocen las reglas, pero las evaden.
- 2–3: Los equipos utilizan las nuevas prácticas de forma inconsistente.
- 4–5: Los equipos utilizan prácticas gobernadas porque son más sencillas, no porque sean obligatorias.

Las señales de advertencia incluyen la reaparición de hojas de cálculo fuera de canal, definiciones incorrectas recurrentes o “cripto-gobernanza", donde los equipos construyen sus propias definiciones fuera del sistema. Las vías de mejora incluyen integrar la gobernanza más temprano en el flujo de trabajo, aumentar la transparencia en la toma de decisiones o simplificar los procesos gobernados para convertirlos en el camino de menor resistencia.

La adopción es el latido del impulso.
Sin ella, todo lo demás se frena.

Reinforcement: ¿Estamos Logrando Que los Nuevos Comportamientos Perduren?

El refuerzo es donde el trabajo catalítico se convierte en cultura. El cambio no persiste porque se haya comunicado bien. Persiste porque se refuerza de manera rítmica, consistente y no invasiva. La dimensión de Reinforcement en la Prueba SPARK observa:

1. **Repetición de rutinas:** ¿Las rutinas de gobernanza, las sincronizaciones de la tríada, las actualizaciones de fluency y los rituales de decisión ocurren de forma predecible?
2. **Visibilidad:** ¿Se publican victorias, historias y señales de valor? ¿El liderazgo refuerza públicamente las decisiones gobernadas?
3. **Integración:** ¿Las prácticas del Catalizador se incorporan en el onboarding, los KPI, las revisiones de modelos, la entrada de proyectos y la planificación trimestral?

Una puntuación de 0–1 indica refuerzo intermitente, en el que las prácticas aparecen solo durante crisis o campañas de liderazgo. Una puntuación de 4–5 refleja refuerzo cultural, donde las prácticas del Catalizador son parte natural de cómo opera la organización.

Las señales de advertencia incluyen rutinas omitidas, deriva del liderazgo, colapso en la narrativa de historias o dependencia excesiva de un solo patrocinador. Las vías de mejora incluyen restablecer las

Revisiones del Catalizador trimestrales, reincorporar las historias de valor en las actualizaciones de liderazgo o vincular el refuerzo con los ciclos de desempeño y planificación.

El refuerzo es el puente entre la aceleración y la identidad.
Sin él, el impulso se evapora.

Knowledge Transfer: ¿Estamos Desarrollando Soltura y No Solo Conocimiento?

La Knowledge Transfer es la dimensión más subestimada de la transformación, y una de las más esenciales en la era de la IA. Evalúa si la literacy se está traduciendo en mejores decisiones, menor riesgo y mejores resultados. La Transferencia de Conocimiento no es capacitación; es comprensión en acción. La Prueba SPARK la evalúa a través de:

1. **Fluency basada en roles:** ¿Las personas comprenden los conceptos de datos necesarios para sus decisiones?
2. **Confianza:** ¿Los individuos se sienten seguros utilizando datos gobernados, resultados apoyados por IA o insights potenciados por la literacy?
3. **Capacidad:** ¿Las decisiones tomadas con mayor fluency generan menos errores, menos ciclos de retrabajo o menor riesgo?

Una puntuación de 0–1 sugiere que la literacy es intermitente: se asiste, se olvida, no se adopta. Una puntuación de 4–5 indica que la literacy está integrada: práctica, contextual y catalizadora.

Las señales de advertencia incluyen solicitudes de datos confusas, dependencia excesiva de un pequeño grupo de expertos, uso inconsistente de herramientas de IA o malentendidos repetidos sobre definiciones. Las vías de mejora incluyen ampliar los niveles de literacy, conectar la literacy con flujos de trabajo reales o utilizar "sprints de aprendizaje" vinculados a proyectos reales.

La Transferencia de Conocimiento es donde la fluency se convierte en combustible.
Sin ella, la gobernanza y el cambio avanzan a paso muy lento.

Integrando SPARK: Tu Cuadro de Mando de Comportamiento

Cuando combinas las cinco dimensiones de Strategy, Participation, Adoption, Reinforcement y Knowledge Transfer, creas una visión basada en comportamientos sobre la salud catalizadora de tu organización.

Un puntaje SPARK bajo no indica fracaso. Indica oportunidad. Un puntaje SPARK alto no indica finalización. Indica impulso.

La Prueba SPARK está diseñada para utilizarse trimestralmente. Esa cadencia se alinea con los ritmos establecidos en la Hoja de Ruta de 12 Meses, refuerza las responsabilidades de la tríada y se conecta directamente con las historias y rutinas descritas en secciones anteriores. Cuando se usa de manera consistente, la Prueba SPARK se convierte en:

- Un indicador adelantado de éxito, en lugar de un indicador rezagado de fracaso.
- Un iniciador de conversaciones entre el liderazgo y los equipos de datos.
- Una herramienta diagnóstica para identificar cuellos de botella antes de que se conviertan en crisis.
- Una brújula conductual para la alineación organizacional.
- Un instrumento de evidencia para demostrar aceleración real.

S – Strategy	P – Participation	A – Adoption	R – Reinforcement	K – Knowledge Transfer
¿Estamos alineados a resultados? **Preguntas Conductuales** • ¿Los equipos hacen referencia al Norte Verdadero al tomar decisiones? • ¿Las iniciativas están vinculadas a resultados medibles y no a aspiraciones? • ¿Las prioridades son coherentes entre liderazgo, negocio y equipos técnicos? **Puntuación (0-5)** • 0–1: La estrategia está desconectada del trabajo. • 2–3: La estrategia se comprende, pero se aplica de forma inconsistente. • 4–5: La estrategia guía visiblemente las decisiones. **Señales de advertencia** • Las prioridades entran en conflicto entre equipos. • Se aprueba trabajo que contradice el Norte Verdadero. • Los equipos preguntan: "¿Por qué estamos haciendo esto?" a mitad del proyecto. **Vías de mejora** • Realinear el Norte Verdadero con el liderazgo. • Vincular todos los artefactos a resultados en el Canvas SPARK. • Reforzar la estrategia en las comunicaciones ejecutivas.	**¿Las personas correctas están involucradas de la manera correcta?** **Preguntas Conductuales** • ¿Las personas comprenden sus responsabilidades basadas en el rol? • ¿Los participantes llegan preparados con evidencia? • ¿Los dueños de dominio escalan con criterio y resuelven la fricción con rapidez? **Puntuación (0-5)** • 0–1: Participación posicional, no conductual. • 2–3: Compromiso desigual entre equipos. • 4–5: La stewardship distribuida funciona de manera efectiva. **Señales de advertencia** • Reuniones silenciosas o sin preparación. • Escalamientos repetidos de las mismas personas. • Responsabilidades de ownership poco claras o ignoradas. **Vías de mejora** • Fortalecer la claridad de R/A/C/I. • Utilizar el coaching de la tríada para recalibrar roles. • Integrar las expectativas en las rutinas de gobernanza.	**¿Las personas están utilizando las nuevas formas de trabajar?** **Preguntas Conductuales** • ¿Se utilizan de manera consistente definiciones gobernadas y fuentes certificadas? • ¿Están desapareciendo las hojas de cálculo paralelas? • ¿Se emplean criterios de gobernanza en el trabajo de analítica e IA? • ¿Las decisiones se trazan hasta datos confiables? **Puntuación (0-5)** • 0–1: Los equipos eluden la gobernanza. • 2–3: Adopción desigual entre roles. • 4–5: El comportamiento gobernado es el camino de menor resistencia. **Señales de advertencia** • Reaparecen fuentes informales o no autorizadas. • Definiciones inconsistentes entre equipos. • Se desarrolla "cripto-gobernanza" en ciertos ámbitos. **Vías de mejora** • Llevar la gobernanza más arriba en el flujo de trabajo. • Aumentar la transparencia en la toma de decisiones. • Simplificar los flujos de trabajo gobernados para fomentar la adopción.	**¿Estamos logrando que los nuevos comportamientos perduren?** **Preguntas Conductuales** • ¿Las rutinas de gobernanza, las sincronizaciones de la tríada y los rituales de decisión ocurren de manera predecible? • ¿Se publican de forma constante los logros, las historias y la evidencia? • ¿Las prácticas del Catalizador están integradas en el onboarding, los KPI, la entrada de iniciativas y los ciclos de planificación? **Puntuación (0-5)** • 0–1: El refuerzo es intermitente y está impulsado por crisis. • 2–3: Existen algunas rutinas, pero carecen de consistencia. • 4–5: El refuerzo es rítmico, cultural y autosostenible. **Señales de advertencia** • Rutinas de gobernanza omitidas o irregulares. • El liderazgo deja de reforzar públicamente las decisiones gobernadas. • Desaparecen la narrativa y la visibilidad del valor. • Dependencia de un solo champion en lugar de un refuerzo distribuido. **Vías de mejora** • Llevar la gobernanza más arriba en el flujo de trabajo. • Aumentar la transparencia en la toma de decisiones. • Simplificar los flujos de trabajo gobernados para fomentar la adopción.	**¿Estamos desarrollando soltura y no solo conocimiento?** **Preguntas Conductuales** • ¿Las personas comprenden los conceptos de datos/IA necesarios para su rol? • ¿Las personas se sienten seguras al interpretar datos gobernados o resultados de IA? • ¿Las decisiones muestran menos errores, ciclos de retrabajo o exposición al riesgo? **Puntuación (0-5)** • 0–1: La literacy es intermitente: se atiende, se olvida y no se utiliza. • 2–3: El conocimiento existe, pero no influye en el comportamiento. • 4–5: La fluency es contextual, aplicada y mejora los resultados. **Señales de advertencia** • Solicitudes de datos confusas o malentendidos repetidos. • Dependencia excesiva de un pequeño grupo de expertos. • Uso incorrecto o mala interpretación de herramientas de IA. • Malentendidos persistentes sobre definiciones o linaje. **Vías de mejora** • Ampliar los Literacy Tiers alineados a los roles. • Vincular las sesiones de literacy con flujos de trabajo reales e iniciativas actuales. • Utilizar sprints de aprendizaje conectados a proyectos reales. • Reforzar la fluency en revisiones de modelos, sesiones de diseño y post mortem.

Tabla 11: La Prueba SPARK

SPARK se convierte en tu auditoría interna de aceleración: una forma de asegurar que los catalizadores que estás construyendo realmente estén produciendo movimiento catalítico.

Un Instrumento Vivo Para Una Organización en Movimiento

Ninguna organización permanece inmóvil, especialmente en la era de la IA, la incertidumbre regulatoria, la rápida digitalización y las iniciativas superpuestas. Las herramientas que dependen de evaluaciones estáticas o de puntuaciones ceremoniales se desmoronan ante las presiones del mundo real. Por eso la Prueba SPARK es intencionalmente simple, conductual y repetible. Evoluciona con tu organización. Crece junto con la madurez de tu Catalizador. Y se vuelve más valiosa a medida que más equipos participan.

La belleza de SPARK es que nunca te pide modelar la perfección. Solo te pide observar la realidad:

- ¿Estamos alineados?
- ¿Estamos involucrados?
- ¿Estamos adoptando?
- ¿Estamos reforzando?
- ¿Estamos transfiriendo conocimiento?

Si la respuesta a la mayoría de estas preguntas es "sí", tu organización está acelerando. Si la respuesta es "a veces", tienes claridad sobre dónde enfocar. Si la respuesta es "aún no", entonces SPARK se convierte en el punto de ignición, y no en una acusación.

En un mundo donde las organizaciones luchan por medir el impulso, SPARK te ofrece algo mejor: una forma de medir los comportamientos que lo crean.

Uso Conjunto de las Disciplinas

A lo largo de este libro exploramos Gobierno de Datos, Gestión del Cambio y Data Fluency como disciplinas distintas, cada una con su propio propósito, fortalezas y puntos naturales de influencia. Pero, en la práctica, estas disciplinas nunca estuvieron destinadas a operar por separado. Su verdadera fuerza catalizadora emerge únicamente cuando funcionan como un sistema único y coordinado. Cuando las organizaciones tratan la gobernanza, el cambio y la fluency como iniciativas independientes, crean fricción sin darse cuenta. La gobernanza introduce claridad, pero carece de adopción. El cambio genera impulso, pero ignora la fricción de los datos. La literacy construye conciencia, pero no logra conectarse con el trabajo real. Sin embargo, cuando se entrelazan, estas tres disciplinas eliminan la incertidumbre, reducen la resistencia y establecen las condiciones para que el trabajo con datos e IA avance más rápido y con muchas menos sorpresas. Juntas, se convierten en el acelerador que las organizaciones han estado necesitando.

El secreto no es combinar las disciplinas en un único programa monolítico ni asignar a un solo equipo la responsabilidad de "poseer" las tres. El poder proviene de la rotación: usar gobernanza, cambio y fluency en los momentos en que cada una aporta mayor valor. Este enfoque rotacional es coherente con los principios no invasivos. Cuando rotas deliberadamente las disciplinas, evitas sobrecargar a los equipos con procesos y, en su lugar, les das exactamente lo que necesitan en el momento preciso. La gobernanza establece las reglas de claridad y responsabilidad; la gestión del cambio prepara y acompaña a las personas a medida que cambian los comportamientos; y la fluency proporciona la comprensión práctica necesaria para tomar buenas decisiones. Ninguna de estas disciplinas puede compensar la ausencia de las otras. Juntas, crean el entorno donde la chispa de la aceleración se convierte en energía sostenible.

Esta guía explica cómo aplicar esa rotación en cada proyecto, iniciativa y ciclo de vida de modelos. Comienza con la incorporación de proyectos: el punto en el que la mayoría de las organizaciones introduce confusión sin darse cuenta. Cuando un proyecto se propone por primera vez, la gobernanza debería ser la primera disciplina en intervenir. No para frenar el proyecto, sino para crear la claridad que evita retrabajos posteriores. Aquí es donde el Checklist para Alinear la Chispa del Catalizador de Datos³ aporta valor inmediato: identifica los resultados esperados, aclara qué dominios de datos están involucrados, nombra a los stewards responsables y revela riesgos de confianza antes de que se conviertan en batallas políticas. Una vez que la gobernanza establece la claridad, la rotación pasa a la gestión del cambio, que asegura que los *stakeholders* comprendan los impactos, las expectativas y los cambios de comportamiento necesarios para el trabajo que viene. Solo después de estos dos pasos entra en juego la fluency, garantizando que cada participante entienda los conceptos, la terminología y los puntos de decisión más relevantes para esa iniciativa específica. El orden importa. La gobernanza crea dirección, el cambio construye compromiso y la fluency capacita a las personas para actuar con confianza.

Más allá de la incorporación, la rotación se vuelve aún más poderosa durante la planificación interfuncional. Aquí, la gobernanza garantiza que las decisiones se tomen con los datos correctos, por las personas adecuadas y con la autoridad apropiada. Puedes rastrear los beneficios de este enfoque directamente en la Matriz de Alineación de Accountability. Al establecer claridad entre equipos, la gobernanza evita el bloqueo y los desacuerdos que con tanta frecuencia frenan el progreso. Con esa claridad establecida, la gestión del cambio crea alineación y prepara a cada equipo para la colaboración requerida, reduciendo la fricción, gestionando expectativas y resolviendo prioridades en conflicto antes de que descarrilen el impulso. La fluency potencia entonces el proceso de planificación al asegurar que los equipos comprendan los conceptos de datos que sustentan su trabajo, permitiéndoles interactuar con eficacia y evitar malinterpretaciones que tradicionalmente consumen la energía de las iniciativas entre equipos.

Figura 4: El Ciclo del Catalizador de Datos[3]

El mismo modelo rotacional se vuelve indispensable durante el desarrollo de modelos de IA y la gestión de su ciclo de vida. La gobernanza garantiza un uso responsable al definir criterios de calidad de datos, transparencia del modelo, linaje y umbrales de riesgo. Como se abordó en las consideraciones de gobernanza de IA, esta claridad es esencial para un uso ético y auditable de los modelos. La gestión del cambio apoya la adopción preparando a los usuarios de negocio, abordando temores y contrarrestando mitos sobre la IA con historias reales y mensajes claros. Y la fluency asegura que las personas comprendan cómo interpretar los resultados del modelo, reconocer cuándo el modelo se equivoca y tomar decisiones que integren el juicio humano con el conocimiento técnico. Sin esta rotación triple, los modelos de IA se convierten en artefactos de cumplimiento o curiosidades técnicas, en lugar de activos generadores de valor.

Incluso las rutinas trimestrales del negocio se benefician de esta rotación disciplinaria coordinada. La gobernanza aporta métricas monitorizadas, decisiones recurrentes y puntuaciones de confianza. La gestión del cambio ofrece visibilidad sobre el sentimiento organizacional e identifica señales tempranas de disminución en la adopción. La fluency añade competencia analítica y asegura que los líderes interpreten los datos con el contexto adecuado. La rotación crea un ritmo que evita que la organización vuelva a viejos hábitos. Con el tiempo, estos bucles recurrentes refuerzan el Volante de Inercia del Impulso descrito anteriormente en esta sección, donde la claridad impulsa la adopción, la adopción fortalece la fluency y la fluency profundiza la confianza. Cuando las disciplinas se mueven de forma independiente, el volante se desacelera. Cuando se mueven juntas, el volante gira por sí solo.

El objetivo de integrar las disciplinas no es crear más procesos. Es crear más certeza, más alineación y más confianza: antes de que el trabajo comience, mientras el cambio ocurre y después de que se entregan los resultados. La rotación de gobernanza, cambio y fluency se convierte en la coreografía operativa que permite a los equipos avanzar con confianza en lugar de reaccionar. Ayuda a las personas a comprender no solo qué están haciendo y por qué, sino también cómo se conecta con los comportamientos que hacen a la organización más rápida, segura e inteligente. Cuando las tres disciplinas se utilizan juntas, la aceleración deja de ser intermitente. Se convierte en el estado natural de la organización.

Escalando el Catalizador

Escalar no debería diluir la chispa; debería amplificarla. Para cuando llegas a este punto del libro, ya has visto cómo el Gobierno de Datos (a través del enfoque Non-Invasive Data Governance), la Gestión del Cambio y la Data Fluency forman las tres fuerzas catalizadoras que permiten que las iniciativas de datos e IA avancen más rápido y con muchas menos sorpresas. También has aprendido cómo el Checklist para Alinear la Chispa del Catalizador de Datos³ te ofrece una forma clara y estructurada de comenzar, y cómo el Volante de Inercia del Impulso convierte la claridad, la adopción, la fluency y la confianza en un ciclo autorreforzante. Pero escalar es el momento en el que todo lo que has construido pasa de ser "la primera victoria" a convertirse en "la forma en que trabajamos". Y si alguna vez has visto cómo un programa de gobernanza pierde impulso después de un inicio prometedor, ya sabes lo frágil que puede ser esa transición.

Escalar el Catalizador³ no consiste en replicar entregables, artefactos o herramientas como si fueran un kit de franquicia. Consiste en replicar las **condiciones** que crearon el éxito temprano. Los quick wins ocurren porque las personas están involucradas, los roles son claros, las brechas de literacy se reconocen, la resistencia se aborda y la confianza mejora de forma visible. Escalar significa asegurar que esas mismas condiciones de claridad, accountability, contexto, capacidad y confianza existan más allá del primer equipo, el primer proyecto o dominio. No es más trabajo. Es la multiplicación del trabajo que ya funciona.

El primer paso para escalar es identificar a tus catalizadores, es decir, tus champions tempranos. Son las personas que no solo participaron, sino que **sintieron el impacto**. Vieron lo que ocurrió cuando la gobernanza dejó de ser un martillo de cumplimiento y comenzó a ser un acelerador. Vieron lo que ocurrió cuando la gestión del cambio dejó de ser una ráfaga de comunicación y se convirtió en un sistema de apoyo conductual. Vieron lo que ocurrió cuando la literacy dejó de ser un curso de capacitación y se volvió un impulsor de confianza. Estas personas se convierten en portadoras de la creencia. Encarnan SPARK incluso antes de que haya sido evaluado formalmente con la Prueba SPARK. Escalar comienza formalizando su participación: reclutándolas como promotoras, utilizándolas como narradoras de historias y empoderándolas para acompañar a la siguiente cohorte de equipos.

El segundo paso es descentralizar la ejecución preservando la accountabiliy. La gobernanza es más poderosa cuando está más cerca del dominio de negocio, lo cual es un principio central de Non-Invasive Data Governance. Escalar el Catalizador^3 implica distribuir responsabilidades de stewardship, claridad en la toma de decisiones y refuerzo de literacy dentro del flujo natural del trabajo. Pero la descentralización sin estructura se convierte en caos. Por eso la Matriz de Alineación de Accountability se vuelve fundamental al escalar: aclara quién decide qué, dónde reside la verdad de los datos y cómo funcionan las escalaciones a medida que el trabajo se expande. A medida que el enfoque Catalizador^3 crece, la matriz se convierte en tu estabilizador, manteniendo el trabajo descentralizado alineado con la estrategia centralizada.

Las historias son el tercer motor de escala. Históricamente, el Gobierno de Datos ha sufrido un problema narrativo: las personas solo escuchan sobre gobernanza cuando algo sale mal. El enfoque Catalizador^3 corrige esto al convertir el **valor en visibilidad**. Como se describe en la sección sobre cambiar la narrativa, las historias se vuelven aceleradoras cuando se empaquetan, repiten y comparten con la cadencia adecuada. Para escalar, debes replicar las rutinas de narración que hicieron creíbles tus primeras victorias. Esto puede incluir "Minutos del Catalizador" en reuniones de liderazgo, la publicación trimestral de transformaciones de antes y después, o entrevistas internas con especialistas que describan qué cambió para ellos. Estas historias no solo comparten el éxito; lo normalizan.

Escalar también requiere integrar los principios del Catalizador^3 en la "puerta de entrada" organizacional. Esto significa modificar los formularios de inicio de proyectos para que soliciten automáticamente dominios de datos, roles de accountability, cambios de comportamiento esperados y requisitos de literacy. Significa añadir checkpoints del Catalizador^3 al onboarding para que los nuevos colaboradores aprendan el glosario, la estructura de la tríada (gobernanza–cambio–fluency) y las rutas de accountability antes de integrarse a un equipo de proyecto. Significa asegurar que las expectativas de desempeño incluyan competencias de fluency de datos y comportamientos de gobernanza reforzados. El escalamiento tiene éxito cuando los principios del Catalizador aparecen antes de que tengas que recordarle a las personas que existen.

Riesgos del Catalizador

Por supuesto, escalar introduce riesgos—cinco en particular. El primero es la **deriva burocrática**, cuando equipos bien intencionados añaden pasos, checkpoints y comités que frenan todo. El antídoto es volver a los principios no invasivos: la gobernanza debe integrarse, no añadirse externamente; el cambio debe ser de apoyo, no prescriptivo. El segundo riesgo es la **adopción inconsistente**, cuando los equipos aplican partes del enfoque Catalizador^3 fuera de orden o se saltan pasos fundamentales. El Blueprint de Integración resuelve esto al proporcionar una rotación predecible: Alinear → Activar → Acelerar.

El tercer riesgo es la **confusión de roles**, cuando las responsabilidades se difuminan a medida que el enfoque se expande. Mantener una Matriz de Derechos de Decisión clara evita esta situación. El cuarto riesgo es la **fijación en herramientas**, cuando las organizaciones declaran victoria porque instalaron una plataforma, un glosario o un dashboard. Las herramientas apoyan la aceleración; no son la aceleración. Y el quinto riesgo es la **erosión de la literacy**, cuando la capacitación en fluency se trata como un evento único en lugar de una competencia continua. Esto se contrarresta integrando actualizaciones de fluency en las rutinas permanentes, en lugar de cursos aislados.

Escalar se vuelve mucho menos intimidante cuando se vuelve intencional. El enfoque Catalizador^3 te ofrece la estructura para esa intención. Ya tienes la chispa: los quick wins, la claridad, las señales de confianza, las historias. Ahora estás extendiendo esa chispa a través de equipos y del tiempo sin perder la energía que la produjo. El rol que desempeñas cambia: de ser el "iniciador" del cambio a convertirte en el "amplificador" del cambio.

Escalar es el punto en el que Catalizador^3 deja de ser algo que tú haces y se convierte en algo que **la organización** hace. Es el momento en que las prácticas, creencias y ritmos descritos a lo largo de este libro comienzan a sostenerse por sí mismos. Y una vez que eso ocurre, la chispa ya no necesita volver a encenderse. Simplemente sigue propagándose.

Pasos para Sostener la Aceleración

La aceleración se convierte en cultura solo cuando se convierte en memoria. Hasta este punto del libro, hemos recorrido la chispa, las disciplinas, el cambio de narrativa y los mecanismos que transforman la intención en movimiento. Pero la aceleración es frágil. Si se deja sin atención, se desvanece. Si no se documenta, se reescribe. Si no se refuerza, regresa lentamente hacia la misma inercia que el enfoque Catalizador³ fue diseñado para superar. Sostener la aceleración es el trabajo de convertir el Catalizador de algo que haces en algo que tu organización *es*.

El primer paso para sostener la aceleración es integrar las rutinas del Catalizador en los momentos más tempranos de la experiencia del empleado. El onboarding no es meramente administrativo; forma identidad. Demasiadas organizaciones esperan meses antes de presentar a los nuevos integrantes las expectativas de gobernanza, los derechos de decisión o el glosario. Para entonces, los hábitos ya se han endurecido y los atajos sin gobernanza se han asentado. Sostener la aceleración significa colocar la tríada de gobernanza, cambio y fluency directamente en la inducción. Los nuevos colaboradores deben aprender cómo se mueven los datos en la organización y cómo luce un comportamiento responsable antes siquiera de tocar un sistema o integrarse a un proyecto. Cuando los principios del Catalizador aparecen desde el Día Uno, las personas asumen que siempre han estado ahí.

Sostener la propia tríada requiere mantenimiento deliberado. Una tríada que inicia bien puede dispersarse con la misma facilidad si los ritmos se aflojan o la comunicación se frena. Las revisiones mensuales descritas en el Blueprint de Integración deben continuar, y no como reuniones para "cumplir", sino como puntos de control que aseguren alineación, impulso y equilibrio entre las tres disciplinas. Los equipos de gobernanza deben seguir preguntando: ¿qué decisiones fueron difíciles el mes pasado? Los especialistas de cambio deben preguntar: ¿dónde apareció la resistencia? Los equipos de fluency deben preguntar: ¿dónde faltó confianza? La tríada es el sistema de alerta temprana de la organización, y sostener la aceleración implica seguir utilizándolo incluso cuando todo parece ir bien.

Actualizar la literacy sin sobreentrenar es otra disciplina esencial. La literacy no es una certificación única; es una capacidad viva. Pero nada mata el entusiasmo más rápido que la saturación. Sostener la aceleración significa diseñar actualizaciones de literacy ligeras, específicas al contexto e integradas en el propio trabajo. Microhistorias breves vinculadas a momentos reales de datos, rápidos puntos de control de fluency antes del lanzamiento de nuevas funcionalidades de IA o refuerzos dirigidos alineados a ciclos trimestrales del negocio pueden mantener la capacidad sin abrumar a los equipos. El objetivo es el progreso, no acumular certificaciones.

La gobernanza también debe protegerse de la deriva hacia la imposición. A medida que el concepto Catalizador[3] escala, la gobernanza puede volverse inadvertidamente más pesada, con más formularios, revisiones y aprobaciones. Sostener la aceleración significa defender los principios no invasivos descritos en mis otros libros. Si la gobernanza comienza a sentirse como una barrera en lugar de un acelerador, la organización la rodeará silenciosamente. El antídoto es simple pero poderoso: mantener la gobernanza integrada, contextual y vinculada a resultados. Una calibración trimestral de gobernanza, donde los líderes revisan decisiones, puntos de fricción y oportunidades de simplificación, previene la deriva y mantiene la gobernanza alineada con la intención del Catalizador.

En el corazón de sostener la aceleración está lo que llamo **la Memoria del Catalizador**, es decir, la memoria organizacional de las victorias que refuerza la creencia. Las organizaciones suelen olvidar sus éxitos más rápido que sus fracasos, especialmente cuando cambian los liderazgos o se modifican las prioridades. Sostener la aceleración significa preservar y curar esas victorias de manera intencional. Esto incluye publicar historias de valor, rastrear señales de confianza del Volante de Inercia del Impulso, actualizar un registro continuo de impactos en el negocio y crear rituales que celebren decisiones gobernadas, lanzamientos exitosos de modelos y avances en literacy.

Estos rituales importan más de lo que la mayoría de las organizaciones imagina. Una "Historia del Catalizador" de cinco minutos en una reunión departamental, un "Día de la Aceleración" trimestral que destaque mejoras o una simple exhibición de decisiones respaldadas por datos mantiene visible la chispa. Cuando los líderes refuerzan públicamente estas historias de forma reiterada, la organización internaliza que la aceleración es una característica de su identidad, no una fase de su programa.

A medida que los equipos crecen, los roles cambian y las nuevas tecnologías introducen desafíos, la Memoria del Catalizador se convierte en el ancla que mantiene a la organización conectada con lo que funciona. Proporciona continuidad histórica, especialmente cuando rotan los ejecutivos o se producen reorganizaciones. Garantiza que el progreso no dependa de un solo líder, sino de un sistema compartido de creencias basado en evidencia.

Esta Guía de Activación y Aceleración no trata de nuevos marcos ni de herramientas adicionales. Trata de asegurar que lo aprendido en las Secciones Uno a Siete no solo sobreviva, sino que se fortalezca con el tiempo. Si esas secciones anteriores te ayudaron a reimaginar el gobierno de datos, la gestión del cambio y la data fluency para la era de la IA, entonces esta sección asegura que la narrativa y el impulso perduren.

Guía Ejecutiva

Lectura de cinco minutos.
Compártela con tu liderazgo.

¡Inicia la aceleración con tu liderazgo!

Resumen Ejecutivo

Vivimos en una era en la que la velocidad, la confianza y la adaptabilidad ya no son lujos: son requisitos para sobrevivir. Los ejecutivos enfrentan un mundo definido por la disrupción, donde la inteligencia artificial (IA) promete transformación, pero también introduce nuevos riesgos. Las expectativas de los clientes aumentan más rápido de lo que las organizaciones pueden adaptarse, y reguladores, inversionistas y consejos de administración exigen mayor accountability sobre cómo se gestionan los datos. En este contexto, el gobierno de datos no es opcional. Es esencial. Pero la forma en que la gobernanza se introduce se sostiene y se adopta marca la diferencia entre el éxito y el fracaso.

La premisa del *Catalizador de Datos*³ es simple, pero poderosa: el gobierno de datos por sí solo no es suficiente. Los enfoques tradicionales han tenido dificultades para ganar tracción porque se han presentado como mandatos, roles impuestos y proyectos de cumplimiento que generan resistencia en lugar de compromiso. Lo que las organizaciones realmente necesitan es un catalizador: una chispa que acelere el cambio en lugar de obstaculizarlo. Ese catalizador no surge de la gobernanza en aislamiento, sino de la combinación deliberada de tres disciplinas: Non-Invasive Data Governance (NIDG), Gestión del Cambio y Data Fluency (comúnmente denominada literacy). Juntas, estas disciplinas no solo agregan valor, sino que lo multiplican.

Para los ejecutivos, el mensaje es urgente: la IA no esperará. Los competidores no esperarán. La cultura no esperará. Si la gobernanza se retrasa, corres el riesgo de construir IA sobre datos no confiables, perder participación de mercado frente a rivales más ágiles y consolidar la gobernanza como una función de cumplimiento en lugar de un acelerador del negocio. Actuar ahora, con la mentalidad del Catalizador³, garantiza que los datos se conviertan en un activo competitivo, que el cambio se adopte con menor resistencia y que la literacy y la fluency empoderen a las personas en toda la organización para usar los datos con confianza y responsabilidad.

Esta guía ejecutiva sintetiza las lecciones clave del *Catalizador de Datos*³ para la alta dirección. Explica por qué la chispa es necesaria ahora, cómo funciona el efecto cúbico, qué beneficios prácticos aporta y, lo más importante, qué papel deben desempeñar los ejecutivos para hacerlo realidad. El objetivo es ofrecerte no solo una comprensión del marco, sino también la convicción y la urgencia para actuar.

El Caso del Catalizador de Datos³: Por Qué Se Necesita Una Chispa

Las condiciones de negocio son más volátiles que nunca. Las disrupciones en las cadenas de suministro, la inestabilidad del mercado, los cambios regulatorios y los rápidos avances tecnológicos significan que las organizaciones ya no pueden depender de la previsibilidad. Los enfoques tradicionales de gobernanza, basados en controles rígidos y aplicación jerárquica, fallan en este contexto. Lo que se requiere es agilidad: la capacidad de adaptarse rápidamente sin sacrificar la confianza. La "chispa" del Catalizador de Datos³ ofrece exactamente eso: gobernanza, cambio y fluency trabajando juntos como una fuerza estabilizadora en tiempos caóticos.

La inteligencia artificial ha amplificado la urgencia. Muchas organizaciones se apresuran a desplegar modelos entrenados con datos no gobernados ni validados. Esta es una receta para el sesgo, el fracaso y el daño reputacional. La verdad es simple: la IA sin datos gobernados es un multiplicador de riesgo. Los ejecutivos deben reconocer que la gobernanza no es un obstáculo para la IA, sino la base misma de una adopción de la IA confiable. La chispa del Catalizador³ garantiza que la IA sea sostenible, auditable y alineada con el valor del negocio.

La confianza en los datos es frágil. Los ejecutivos dudan en actuar cuando los dashboards se contradicen. Los gerentes pierden la confianza cuando los reportes no coinciden. Los especialistas crean atajos cuando los sistemas no reflejan la realidad. Cada falla de gobernanza erosiona la credibilidad, y reconstruir la confianza es un proceso lento y costoso. Catalizador³ replantea la gobernanza como el camino de regreso a la confianza, no mediante la imposición jerárquica, sino a través de la accountability integrada y la fluency compartida. Sin la chispa, el escepticismo persiste y la adopción se detiene.

La velocidad de las decisiones se está acelerando, pero la gobernanza a menudo se ha quedado atrás. Los ejecutivos están presionados para tomar decisiones en tiempo real, mientras que los procesos de gobernanza diseñados para revisiones trimestrales o aprobaciones en comités luchan por mantenerse al ritmo. Catalizador³ alinea las prácticas de gobernanza con la velocidad moderna de la toma de decisiones. Las definiciones, el stewardship y la literacy se entretejen en los flujos de trabajo para que la gobernanza esté dentro del flujo del negocio y no separada de él.

Finalmente, la fatiga frente al cambio es real. Las organizaciones están cansadas de iniciativas que prometen demasiado y entregan poco. El Catalizador de Datos³ combate esta fatiga al replantear la gobernanza no como una carga adicional, sino como un acelerador de las prioridades existentes. Al demostrar quick wins y mejoras medibles, Catalizador³ reconstruye la energía y el compromiso donde antes dominaba el cansancio.

El Poder Ejecutivo del Catalizador

El poder del Catalizador de Datos³ reside en la multiplicación. La gobernanza, la gestión del cambio y la fluency aportan valor por sí mismas—accountability, adopción y confianza. Pero cuando se combinan, su valor se multiplica. La gobernanza proporciona estructura, la gestión del cambio impulsa la adopción, y la fluency y la literacy generan empoderamiento. Juntas, aceleran la confianza, la toma de decisiones y la transformación cultural.

Los ejecutivos deben reconocer este efecto multiplicador. Invertir en una sola disciplina es insuficiente. La gobernanza sin gestión del cambio es ignorada. La gestión del cambio sin gobernanza es simulación sin resultados. La fluency sin gobernanza es caos. Pero elevadas al cubo juntas, crean una aceleración que ninguna disciplina por sí sola puede lograr. Por eso el marco es Catalizador^3, y no Catalizador^2.

El Catalizador de Datos^3 en la Práctica

En la práctica, la técnica del Catalizador de Datos^3 funciona activando tres disciplinas—gobernanza, gestión del cambio y fluency—en una secuencia coordinada que acelera la toma de decisiones, reduce la fricción y construye confianza en toda la organización. Las siguientes narrativas muestran cómo cada disciplina se convierte en un catalizador por sí misma y cómo, juntas, crean las condiciones para una ejecución responsable, confiada y preparada para la IA.

Gobierno de Datos como Catalizador

La gobernanza suele malinterpretarse como control, cumplimiento y restricción. El enfoque Non-Invasive Data Governance la replantea como accountability sin ataduras. En lugar de asignar nuevos roles, NIDG reconoce la accountability existente y la formaliza. En lugar de imponer procesos disruptivos, integra la gobernanza en el trabajo que las personas ya realizan. En lugar de percibirse como algo "adicional", se convierte en la forma en que se hace el negocio.

Los ejecutivos se benefician de la alineación: las decisiones fluyen más rápido porque la accountability es clara. Los gerentes se benefician de la eficiencia: se reducen la duplicidad y el retrabajo. Los especialistas se benefician de la claridad: la propiedad y el stewardship son conocidos, las definiciones son consistentes y la confianza se construye. La confianza, a su vez, libera la adopción. Ningún ejecutivo invierte en datos en los que no confía. Ningún gerente depende de reportes que duda. Ningún especialista utiliza herramientas en las que no cree. La confianza es la aceleración que proporciona la gobernanza.

Las métricas cierran el caso. Los ejecutivos financian lo que pueden medir. La gobernanza del Catalizador^3 demuestra su valor mediante métricas que resuenan—menos errores, proyectos más rápidos, auditorías más fluidas y una IA confiable. Las métricas trasladan la gobernanza de la teoría a la evidencia, asegurando apoyo sostenible en todos los niveles.

Gestión del Cambio como Catalizador

La gobernanza fracasa cuando el cambio se ignora. La resistencia es inevitable, pero no es una señal de fracaso: es una señal de energía. Catalizador³ trata la resistencia como combustible, guiando la adopción en lugar de combatirla. Los ejecutivos deben aprender a respetar la resistencia, los gerentes deben canalizarla hacia la mejora y los especialistas deben verla como su oportunidad de contribuir.

La adopción requiere psicología. Las personas no cambian porque se les diga que cambien. Cambian cuando sienten propiedad, equidad y competencia. Catalizador³ aborda estos impulsores psicológicos distribuyendo la accountability, aclarando roles y construyendo confianza a través de la literacy. Los ejecutivos pueden modelar la adopción usando datos gobernados en sus propias decisiones. Los gerentes pueden reforzarla integrando la gobernanza en las prácticas de sus equipos. Los especialistas pueden vivirla diariamente compartiendo logros y señalando problemas.

El impulso se construye con pequeñas victorias, no con despliegues masivos. Los microcambios tranquilizan a las personas al demostrar que la gobernanza funciona. Las historias amplifican esas victorias, difundiendo la creencia con mayor eficacia que las políticas. El liderazgo distribuido multiplica el impacto, asegurando que la gobernanza sea impulsada por promotores en todo el negocio, y no solo por un patrocinador en la cima.

Data Fluency como Catalizador

La fluency es el multiplicador que hace que la gobernanza y la gestión del cambio perduren. Sin fluency, la gobernanza permanece abstracta y la adopción colapsa. La fluency garantiza que los ejecutivos puedan cuestionar los datos con confianza, que los gerentes puedan colaborar sin cuellos de botella y que los especialistas puedan aplicar los datos de forma responsable en su trabajo diario.

La fluency importa más que la especialización. No todos necesitan ser científicos de datos, pero todos necesitan ser lo suficientemente fluidos para participar. Elevar la base en toda la organización asegura inclusión y escalabilidad. Un lenguaje compartido rompe barreras y habilita la colaboración transversal. La confianza impulsa la participación, reduciendo el miedo que mantiene a las personas en silencio en las conversaciones sobre datos.

La fluency y la literacy deben ser prácticas. La capacitación aislada no perdura. Los programas vinculados al trabajo real y a datos reales crean una fluency que se mantiene en el tiempo. Cuando la gobernanza y la literacy se integran, la fluency acelera la adopción de manera natural. El resultado es una organización donde los datos dejan de intimidar y comienzan a empoderar.

El Imperativo del Liderazgo

Los ejecutivos no pueden delegar el Catalizador de Datos[3]. El patrocinio no es suficiente; el liderazgo debe impulsarlo activamente, modelarlo y exigirlo. El papel del liderazgo es marcar el tono, alinear prioridades y contar historias que posicionen la gobernanza como un acelerador y no como un costo.

Acciones Basadas en el Rol

- Los **CEO** deben integrar la gobernanza en la estrategia, haciéndola inseparable del crecimiento, la innovación y la adopción de la IA. Sus palabras y acciones señalan a toda la organización si la gobernanza es un proyecto lateral o un habilitador central.

- Los **CIO** deben asociarse con la gobernanza para asegurar que las inversiones tecnológicas generen ROI. Históricamente, TI ha consumido la mayor parte de los presupuestos relacionados con datos, pero sin gobernanza esas inversiones rinden por debajo de lo esperado. Los CIO deben asumir la gobernanza como el multiplicador faltante.

- Los **CFO** y **CRO** deben ver la gobernanza como gestión del riesgo. Los controles financieros, el cumplimiento y las obligaciones regulatorias no pueden sostenerse sin datos gobernados. La gobernanza reduce la exposición financiera y reputacional.

- Los **CDO**, **CDAO** y **CDAIO** deben operacionalizar el Catalizador de Datos³. Como custodios de los datos y la IA, deben asegurar que la gobernanza esté integrada, que el cambio se gestione y que la fluency crezca. Su liderazgo garantiza que la gobernanza escale más allá de TI y llegue al negocio.

Los gerentes deben operacionalizar la visión ejecutiva, integrando la gobernanza en los flujos de trabajo diarios. Los especialistas deben vivir el cambio, formalizando la accountability que las personas del negocio ya asumen. Todos los demás deben ser data-woke, reconociendo que sus interacciones diarias con los datos contribuyen a la confianza. La propiedad distribuida sostiene la gobernanza, asegurando que ningún rol la cargue por sí solo.

Cambiar la Narrativa

Los ejecutivos también deben reconocer su papel en cambiar la narrativa. Las palabras importan. Vender la gobernanza como cumplimiento vende dolor. Vender la gobernanza como catalizador vende valor. Los ejecutivos compran velocidad, los gerentes compran eficiencia y los especialistas compran claridad. La gobernanza enmarcada como acelerador resuena con cada audiencia.

La era de la IA eleva la exigencia. Si la gobernanza se presenta como opcional, los riesgos de la IA se multiplican. Si se presenta como esencial, la IA se vuelve confiable y escalable. Las historias se difunden más rápido que las políticas. Los ejecutivos deben convertirse en narradores, compartiendo logros y reforzando la gobernanza como catalizador en cada conversación estratégica.

Llamado a la Acción Ejecutiva y Conclusión

El caso es claro: la acción no puede esperar. La IA está escalando más rápido que la gobernanza. La confianza es frágil y se erosiona con cada falla. Los competidores ya están obteniendo ventaja con datos gobernados. La cultura, una vez establecida, es difícil de reiniciar. El impulso solo se multiplica cuando se construye, no cuando se retrasa.

Catalizador^3 proporciona la hoja de ruta: gobernanza para la accountability, gestión del cambio para la adopción y fluency para el empoderamiento. Juntas, crean una aceleración que ninguna disciplina por sí sola puede lograr. Los ejecutivos deben aprovechar este momento para posicionar la gobernanza no como algo posterior, sino como un catalizador de todo lo que importa: IA, transformación, cumplimiento, crecimiento y confianza.

El desafío es directo: comparte este mensaje con tu equipo de liderazgo. Integra la gobernanza en tu estrategia. Exige métricas que demuestren aceleración. Celebra los logros que construyen confianza. Y, sobre todo, actúa ahora.

La IA no esperará. Tú tampoco deberías hacerlo.

Guía Práctica del Catalizador de Datos[3]

¡Herramientas para acelerar la reacción!

¡Canvas para encender la chispa!

Encender la Chispa: Fósforos y Encendido

Los Fósforos que Encienden el Catalizador

Uno de los desafíos constantes que enfrentan las organizaciones en materia de gobernanza, cambio y fluency es el salto del *concepto* a la *acción*. Puedes leer sobre marcos de trabajo, escuchar historias de éxito o asentir ante la lógica, pero si no existe una forma de poner estas ideas en práctica en el terreno, la chispa nunca prende. Por eso existe esta sección. Está diseñada para ofrecerte algo tangible, utilizable y listo para desplegar mañana por la mañana.

Estos cinco Canvas, extraídos de las secciones centrales de este libro, no son teoría. Son canvas prácticos que puedes llevar a una reunión, colgar en un pizarrón o completar en un taller con tu equipo. Cada uno aborda una pieza crítica del despertar del Catalizador de Datos^3: encender el impulso, aclarar la accountability, secuenciar victorias, construir fluency y replantear la narrativa. Cada uno es lo suficientemente simple para ser no invasivo, pero lo bastante estructurado para producir valor que puedas mostrar a tus ejecutivos.

Para hacerlos realmente útiles, he incluido:

- Una descripción de lo que captura cada Canvas y por qué es importante.
- Orientación sobre cómo recopilar los insumos.
- Una Guía Práctica para registrar los insumos.
- Ejemplos —solo de los campos que con mayor frecuencia generan confusión— para ayudarte a evitar las trampas que frenan la adopción.

Piensa en estos elementos como caja de fósforos. Cada Canvas es una forma de encender una llama. Usados en conjunto, te ayudarán a encender el fuego de la gobernanza, el cambio y la literacy en tu organización.

Por Qué Utilizo la Expresión Canvas

La razón por la que utilizo el término "Canvas" en lugar de "herramienta" o "plantilla" es muy intencional. En los ámbitos académicos y de *design thinking*, un canvas ha llegado a representar un marco visual estructurado que ayuda a las personas a pensar estratégicamente, alinear ideas y capturar insumos de una manera que se percibe más colaborativa que prescriptiva. Piensa en el conocido Canvas de Modelo de Negocio: no dicta respuestas, sino que invita a la exploración. Al enmarcar los artefactos de este libro como canvas, el énfasis se desplaza de llenar formularios o marcar casillas hacia guiar conversaciones significativas que conduzcan a la acción. Una herramienta sugiere algo rígido o mecánico, y una plantilla sugiere algo que se completa una vez y luego se archiva. Un canvas, en cambio, trata de creatividad continua, claridad y adaptabilidad.

La metáfora del canvas también refleja perfectamente el acto de comenzar con una hoja en blanco mientras se cuenta con una estructura. Así como un artista se acerca a un canvas en blanco con libertad y límites al mismo tiempo, las organizaciones pueden utilizar estos canvas para poner orden en temas complejos y desordenados sin sofocar el contexto único de su situación. La estructura está presente —campos, categorías y prompts—, pero lo que se escribe, dibuja o mapea dentro de esa estructura siempre es específico de la organización. Esto hace que los canvas sean mucho más flexibles que las plantillas, porque fomentan la iteración. Los equipos pueden volver al canvas una y otra vez, añadiendo nuevas capas a medida que evolucionan las estrategias, como si superpusieran pintura para crear profundidad.

Finalmente, la palabra "canvas" transmite un sentido de propiedad compartida. Las herramientas suelen entregarse desde arriba, y las plantillas a menudo se imponen como artefactos de cumplimiento, pero los canvas invitan a personas de todos los niveles de la organización a participar en la construcción de la imagen. El proceso de completar un canvas despierta de manera natural la colaboración y la conversación, que es precisamente el espíritu de Non-Invasive Governance. Un canvas no trata de control, sino de enmarcar un diálogo, revelar ideas y ayudar a las personas a ver cómo sus contribuciones encajan en el panorama general. Por eso, la palabra *canvas* no solo describe lo que son estos artefactos, sino también cómo funcionan: espacios estructurados donde la gobernanza, el cambio y la literacy se unen para crear claridad e impulso.

Encendiendo el Catalizador – Checklist para Alinear la Chispa (Canvas de la Sección 2)

Cuando las organizaciones consideran encender el impulso de la gobernanza, la gestión del cambio y la fluency, la conversación suele desplazarse hacia la tecnología, las herramientas o las iniciativas a gran escala. Pero la verdadera chispa no comienza con presupuestos ni plataformas, sino con la alineación. Sin claridad sobre lo que realmente importa, la energía se dispersa como humo en lugar de alimentar el tipo de fuego que impulsa la transformación. Por eso un Checklist para Alinear la Chispa se convierte en un artefacto tan poderoso. No es llamativo ni complejo. Es práctico, tangible y, cuando se utiliza de manera consistente, capaz de transformar buenas intenciones dispersas en resultados claros y alineados.

El Checklist para Alinear la Chispa trata sobre validación. Garantiza que toda iniciativa relacionada con datos, IA y gobernanza comience formulando las preguntas correctas. ¿Están claras las responsabilidades? ¿Se han identificado y reconocido los puntos de resistencia? ¿Se han definido las necesidades de literacy y fluency para cada rol relevante? ¿Son conscientes los ejecutivos de cómo esta iniciativa se conecta directamente con la estrategia organizacional? Cuando estas preguntas se responden con confianza, las probabilidades de éxito aumentan de forma significativa. Cuando se dejan vagas o se ignoran, los proyectos tropiezan, la fatiga se expande y la cultura comienza a dudar de que la gobernanza alguna vez genere valor.

Piensa en esta lista como encender un fósforo. Un fósforo por sí solo arde brevemente y luego se apaga. Pero cuando se enciende sobre la superficie adecuada, con material seco listo para prender, crea una llama que calienta y perdura. De la misma manera, la lista obliga a los especialistas a confrontar la realidad. No basta con decir que las personas "probablemente" conocerán sus roles o "deberían" confiar en los datos. La lista exige confirmación. Sin esta disciplina, los esfuerzos pueden parecer impresionantes en el papel, pero finalmente fracasan en la práctica.

Para los ejecutivos, el Checklist para Alinear la Chispa se convierte en una herramienta para construir confianza. Con frecuencia temen que los programas de gobernanza estén desconectados de la estrategia o sobrecargados de burocracia. Mostrarles que cada iniciativa se somete a una prueba de alineación estratégica, preparación frente a la resistencia e integración de literacy replantea la gobernanza como disciplinada y ágil. Les asegura que los recursos no se desperdiciarán en otro proyecto que se extinga rápidamente. Para los gerentes, la lista de verificación reduce la duplicación y la frustración. Ya no necesitan perseguir definiciones ni cuestionar los roles, porque la accountability se valida desde el inicio. Para los especialistas, genera confianza. Pueden ver que la gobernanza no es "una cosa más", sino una forma de reducir el tiempo que dedican a conciliar informes, buscar definiciones y lidiar con desajustes entre sistemas.

El Checklist para Alinear la Chispa también escala entre proyectos. Puede aplicarse a un despliegue masivo de IA, donde los ejecutivos necesitan saber que los datos son confiables y explicables, o a la actualización de un dashboard departamental, donde los gerentes desean asegurar que los reportes concilien sin interminables esfuerzos correctivos. El punto no es el tamaño del proyecto. El punto es la consistencia de la chispa. Cada uso de la checklist disipa la fatiga y la reemplaza por energía y alineación.

Los escépticos pueden descartar una lista como demasiado simple. Pero la simplicidad es precisamente el punto. En un entorno de disrupción constante, las personas no necesitan otra metodología pesada. Necesitan claridad en el momento. Necesitan saber que lo esencial está cubierto para poder avanzar con velocidad. Un Checklist para Alinear la Chispa no trata de burocracia; trata de aceleración. Y cuando se utiliza con disciplina, se convierte en un artefacto cultural. Los equipos lo esperan. Los líderes lo solicitan. Con el tiempo, moldea el comportamiento de forma tan profunda que la alineación se vuelve memoria muscular.

En la práctica, el Checklist para Alinear la Chispa es un artefacto vivo, no un documento estático. Evoluciona a medida que madura la organización. Las primeras versiones pueden ser breves y básicas: ¿Se identificaron los roles? ¿El liderazgo está informado? ¿Las definiciones están documentadas? Las versiones posteriores pueden volverse más sofisticadas, incorporando preguntas sobre linaje de datos, validación de modelos de la IA o niveles base de literacy. El crecimiento de la lista refleja el crecimiento de la cultura. Lo importante es que siempre se centre en alineación, claridad e ignición.

Al incorporar esta lista en sus prácticas de gobernanza, las organizaciones demuestran que hablan en serio cuando se trata de minimizar el desperdicio de energía. Demuestran que la gobernanza no trata de cumplimiento ni burocracia, sino de lograr resultados significativos. Para los especialistas, actúa como una barandilla que evita desviaciones. Para los gerentes, es la garantía de que los esfuerzos no colapsarán por confusión. Para los ejecutivos, es la confirmación de que la gobernanza entrega aceleración, no retraso.

El Checklist para Alinear la Chispa es el primer artefacto porque es el primer acto de disciplina. Sin él, las organizaciones persiguen chispas que nunca prenden. Con él, encienden fuegos que transforman los datos, la IA y la cultura. Y una vez que el fuego comienza, el calor de la confianza y la luz de la alineación se expanden por la organización de formas que ya no pueden ignorarse.

Desarrollo y Uso del Canvas

Toda organización dice querer avanzar más rápido con los datos y la IA, pero la velocidad sin control se convierte rápidamente en caos. El

Checklist para Alinear la Chispa está diseñado para ser el punto de ignición que garantiza que la gobernanza, la gestión del cambio y la fluency no se añadan después como un complemento, sino que se integren en el ADN de cada iniciativa. No se trata de frenar los proyectos. Se trata de crear las condiciones para una aceleración sostenible: aquella que escala, sobrevive a los cambios de liderazgo y construye confianza en lugar de consumirla.

Al utilizar este canvas de preparación al inicio de un proyecto, puedes alinear el esfuerzo con la estrategia de la organización, asignar la accountability desde el principio, identificar riesgos de adopción antes de que descarrilen el impulso y definir pruebas de quick wins que los ejecutivos puedan respaldar. Es simple, visible y no invasivo, pero tiene el poder de transformar un proyecto de "una iniciativa más" en un catalizador de cambio organizacional más amplio.

Cómo Recopilar los Insumos

1. **Entrevista al patrocinador ejecutivo para definir el resultado de negocio, las métricas duras de éxito y los plazos de decisión.** Aquí es donde se superan objetivos vagos como "mejorar la eficiencia" y se concretan resultados medibles, como reducir un tiempo de ciclo en un 20 % o aumentar la precisión del pronóstico en cinco puntos porcentuales. Al provenir de una voz ejecutiva, estas métricas anclan la iniciativa en la accountability y la urgencia.

2. **Facilita un taller breve con gerentes y especialistas para identificar los dominios de datos impactados, los responsables designados y los problemas de confianza.** Estas son las personas más cercanas al trabajo, y rápidamente señalarán dónde los datos no son confiables, dónde las definiciones entran en conflicto y dónde la responsabilidad es difusa. Hacer visibles estos hallazgos desde el inicio convierte la gobernanza en una forma de resolver frustraciones reales, más que en un conjunto de reglas.

3. **Revisa los sistemas y dashboards para confirmar el linaje de datos y las cifras base.** No te apoyes únicamente en lo que las personas dicen: valida de dónde provienen los datos, cómo fluyen y cuáles son los números actuales. Esto establece una línea base que posteriormente permitirá demostrar si las acciones de gobernanza generaron una diferencia medible.

4. **Realiza un escaneo ligero de adopción (quién debe cambiar qué y para cuándo) y una verificación de literacy (necesidades de fluency según el rol).** Incluso los datos más limpios y la IA más brillante no perdurarán si las personas no ajustan sus comportamientos. Identifica desde el inicio dónde se requiere capacitación, quién sentirá los cambios con mayor intensidad y qué tipo de apoyo facilitará el éxito.

5. **Acordar un quick win en menos de 60 días y la evidencia que se publicará para demostrar valor.** Los proyectos viven o mueren según su impulso. Al entregar rápidamente un éxito pequeño pero visible, se gana credibilidad con el liderazgo y se reduce el escepticismo entre los especialistas. Igual de importante: decidir cómo y dónde comunicar ese logro, para que se extienda más allá del equipo inmediato del proyecto.

Guía Práctica del Canvas

- **Iniciativa:** El proyecto o caso de uso de IA que necesita aceleración. Debe describirse con suficiente claridad para que cualquier persona de la organización comprenda el propósito y el resultado esperado. El objetivo es evitar el error común de las "iniciativas difusas", que suenan estratégicas pero carecen de una definición clara.

- **Resultado y métrica:** El resultado concreto y la medición que se busca alcanzar, desde la línea base hasta la meta. Esto obliga a pasar de la aspiración a la accountability. Sin una métrica clara, los esfuerzos de gobernanza corren el riesgo de percibirse como abstractos en lugar de generadores de valor.

- **Vínculo Estratégico:** La prioridad de la organización u *OKR (Objectives and Key Results)* que la iniciativa respalda. Al anclar las acciones de gobernanza a objetivos estratégicos existentes, se reduce la resistencia y aumenta la visibilidad ejecutiva. Si una iniciativa no puede vincularse con la estrategia, vale la pena cuestionar si realmente merece atención de gobernanza.

- **Dominios de Datos:** Las áreas temáticas más impactadas por la iniciativa. Ser explícito respecto a los dominios evita sorpresas posteriores, cuando los equipos descubren que se pasaron por alto conjuntos de datos críticos. Identificarlos desde el inicio también ayuda a involucrar a los stewards adecuados.

- **Accountability de la Gobernanza:** Los roles designados que son propietarios de las definiciones y de la calidad de los datos. No se trata de asignar trabajo nuevo, sino de reconocer dónde ya existe la accountability. Formaliza relaciones que a menudo se asumen, pero rara vez se documentan.

- **Riesgos de Cambio:** Los riesgos para la adopción, como cuestiones de identidad, equidad o carga de trabajo. Muchas iniciativas de gobernanza fracasan no porque los datos sean incorrectos, sino porque las personas se sienten amenazadas o sobrecargadas. Capturar estos riesgos aquí facilita construir estrategias de mitigación antes de que se conviertan en obstáculos.

- **Brechas de Literacy:** Las necesidades de fluency según el rol que deben abordarse para que la iniciativa tenga éxito. Esto garantiza que la gobernanza no solo corrija los datos, sino que también capacite a las personas para usarlos con confianza. Destaca la capacitación o el apoyo que será necesario.

- **Puntuación de Confianza (0–5):** Una valoración subjetiva pero poderosa del nivel de confianza actual en los datos. Dar seguimiento a esta puntuación a lo largo del tiempo proporciona una verificación rápida del progreso cultural y refuerza que la confianza es una métrica tan importante como la calidad técnica.

- **Quick Win:** Un entregable que puede lograrse en sesenta días o menos para demostrar la aceleración. Este campo obliga a priorizar y mantiene al equipo enfocado en resultados que generan credibilidad. Es mejor entregar un éxito pequeño pero visible que aspirar a una perfección que nunca llega.

- **Evidencia y comunicaciones:** El plan sobre cómo se publicará y comunicará el éxito. Esto asegura que los logros no queden ocultos en un rincón, sino que se compartan de manera que inspiren su réplica en toda la organización. La gobernanza gana credibilidad cuando se ve, no solo cuando se ejecuta.

Detonador del Canvas

El Checklist para Alinear la Chispa marca del inicio de la aceleración. Garantiza que la gobernanza, la gestión del cambio y la fluency no sean ideas posteriores, sino que estén diseñadas desde el inicio mismo de la iniciativa.

Estructura de Canvas de Ejemplo

- **Columnas:** Iniciativa, Resultado y Métrica, Vínculo Estratégico, Accountability de Gobernanza, Riesgos de Cambio, Brechas de Fluency, Puntaje de Confianza, Quick Win, Evidencia y Comunicaciones.

- **Filas:** Cada iniciativa evaluada.

Ejemplo (resaltando los campos que suelen generar mayor confusión):

Iniciativa	**Resultado y Métrica**	**Accountability de Gobernanza**	**Riesgos del Cambio**	**Puntaje de Confianza (0–5)**	**Quick Win**
Siguiente mejor oferta con IA	+3 % de conversión en 90 días	Steward de Marketing, Steward de Producto	Resistencia de Ventas (Medio)	2	Segmento piloto de una sola oferta
Depuración de Customer 360	Reducir IDs duplicados en 40 %	Administrador de *CRM*, Steward de Calidad de Datos	Preocupaciones por carga operativa (Bajo)	3	Regla de deduplicación sobre fuentes principales
Automatización de datos *ESG*	Reducir el ciclo de reporte en 30 %	Steward de Riesgo, Steward de Finanzas	Temor al escrutinio (Medio)	2	Automatizar dos métricas ESG
Precisión del pronóstico	Mejorar *MAPE* de 24 % → 18 %	Stewards de Operaciones e Inventario	Escepticismo (Alto)	1	Limpiar el flujo del calendario promocional
Analítica de gastos	Acortar el ciclo de análisis de variaciones en 25 %	Stewards de Finanzas y Compras	Hojas de cálculo paralelas (Alto)	2	Estandarizar definiciones

Gobierno de Datos como Catalizador – La Matriz de Alineación de Accountability (Canvas de la Sección 3)

Uno de los mayores malentendidos sobre la gobernanza es que requiere autoridad. Los líderes imaginan nuevos roles, títulos o comités creados para garantizar el cumplimiento. Los especialistas suelen temer la burocracia que se superpone a su trabajo. Los gerentes temen la duplicación y la confusión. Pero la verdad es que la accountability ya existe. Las personas ya están definiendo, produciendo y utilizando datos. Ya son responsables de la calidad de sus resultados y de las decisiones que se toman a partir de sus insumos. El problema es que la accountability está oculta, es inconsistente o se malinterpreta. Por eso la Matriz de Alineación de Accountability es un artefacto tan crítico. No inventa la accountability. La revela.

La Matriz de Alineación de Accountability es una herramienta simple pero transformadora que mapea dominios de datos y procesos críticos frente a los roles existentes. Hace explícito lo que durante mucho tiempo ha sido implícito. ¿Quién es responsable del maestro de clientes? ¿Quién decide cuándo cambia una definición de ingresos? ¿Quién garantiza que los datos de producto se mantengan consistentes entre la cadena de suministro y los sistemas de ventas? Estas preguntas suelen responderse de manera informal, generando confusión cuando surgen problemas. La matriz elimina la ambigüedad al establecer la accounability de forma clara y visible.

Para los ejecutivos, este artefacto aporta alineación. Ya no necesitan soportar reuniones en las que distintos líderes presentan métricas contradictorias y nadie sabe quién es responsable. La matriz muestra exactamente dónde reside la accountability, quién es dueño de las definiciones y quién garantiza la calidad. Esta alineación acelera la toma de decisiones porque elimina la fricción de la confusión. Para los gerentes, la matriz reduce la duplicación. Evita que varios equipos trabajen en el mismo problema sin darse cuenta. Para los especialistas, aporta claridad. Saben a quién acudir cuando surgen preguntas y quién los respaldará cuando los datos sean cuestionados.

El poder de la Matriz de Alineación de Accountability reside en su naturaleza no invasiva. No asigna nuevos títulos ni crea roles artificiales. En cambio, reconoce la accountability que las personas ya tienen por su relación con los datos. Un administrador de CRM ya influye en los datos de clientes. Un analista de cadena de suministro ya garantiza la exactitud de los datos de producto. Un analista de marketing ya reconcilia los datos de campañas. La matriz formaliza esta realidad, haciéndola visible y consistente. Al hacerlo, construye confianza sin generar disrupción.

Los críticos pueden decir que mapear la accountability es demasiado básico, pero pasan por alto el costo de no hacerlo. Cuando la accountability no está clara, los ejecutivos pierden confianza en los datos, los proyectos se estancan y la frustración aumenta. Cada hora desperdiciada conciliando reportes o debatiendo definiciones es una hora perdida para la toma de decisiones. La matriz evita este desperdicio. Transforma la gobernanza de ser percibida como una carga a ser reconocida como un ahorro de tiempo.

Con el tiempo, la Matriz de Alineación de Accountability se convierte en un ancla cultural. Moldea el comportamiento porque las personas saben que sus responsabilidades son visibles y consistentes. Se convierte en un punto de referencia para el onboarding, las auditorías y los proyectos de IA por igual. Los nuevos empleados aprenden rápidamente dónde reside la accountability. Los reguladores ven claridad en lugar de caos. Los modelos de IA se entrenan con datos gobernados porque la accountability sobre definiciones y calidad se aclaró antes del despliegue.

La matriz también escala con la madurez organizacional. En etapas tempranas, puede mapear solo unos pocos dominios críticos: cliente, producto, ingresos. Más adelante, puede expandirse para incluir decenas de procesos y subdominios. El punto no es el tamaño de la matriz. El punto es la claridad que crea. Al hacer visible la accountability, la matriz acelera la toma de decisiones, reduce la duplicación y construye confianza.

A los ejecutivos les importan los resultados, no la teoría. Cuando ven que una matriz simple evita la vergüenza de reportes contradictorios o la demora de proyectos estancados, comprenden su valor. Los gerentes aprecian la eficiencia que se obtiene al eliminar la confusión. Los especialistas valoran la claridad que les permite enfocarse en entregar valor en lugar de perseguir respuestas. En todos los casos, la Matriz de Alineación de Accountability demuestra que la gobernanza no trata de control. Trata de aceleración.

Desarrollo y Uso del Canvas

En la mayoría de las organizaciones, la accountability sobre los datos se asume, pero nunca se hace explícita. Las personas trabajan unas alrededor de otras, las decisiones se retrasan y los ejecutivos se preguntan por qué los mismos argumentos resurgen en cada reunión. La Matriz de Accountability y Derechos de Decisión existe para atravesar esta ambigüedad. Revela dónde ya reside la responsabilidad, en lugar de crear nuevos roles, y aclara cómo se toman realmente las decisiones.

El objetivo no es la burocracia; es la alineación. Al hacer visibles los roles *RACI (Responsible, Accountable, Consulted, Informed)* y al añadir la Autoridad de Decisión (D), la matriz se convierte en una herramienta práctica para asegurar que la gobernanza acelere en lugar de obstaculizar. Con ella, los proyectos pueden avanzar más rápido, las personas saben a dónde acudir para obtener respuestas y el liderazgo tiene la confianza de que las escalaciones se resolverán de manera consistente y justa.

Cómo Recopilar los Insumos

1. **Extrae los dominios de datos y procesos a partir de proyectos y reportes actuales.** Observa las iniciativas más activas, los paquetes de reportes recurrentes y los sistemas de registro para construir una lista de dominios y procesos. Esto garantiza que la matriz cubra lo que es relevante hoy, en lugar de crear un catálogo abstracto.

2. **Identifica las decisiones críticas a partir del historial de escalaciones y hallazgos de auditoría.** Revisa dónde han ocurrido desacuerdos, retrasos u observaciones de auditoría en

el pasado. Estos son los momentos en que la accountability no estaba clara, y documentarlos asegura que la matriz resuelva problemas reales.

3. **Entrevista a los dueños de dominio para mapear R/A/C/I y la Autoridad de Decisión.** Involucra a las personas que ya gestionan o custodian los datos. Recorre cada decisión crítica y registra quién ejecuta la acción, quién es finalmente accountable, quién debe ser consultado y quién necesita ser informado. Luego captura quién tiene realmente la última palabra.

4. **Valida los sistemas de registro y los controles con las funciones de TI y riesgo.** La accountability sobre los datos no solo depende de las personas; también de los sistemas. Confirma qué plataformas se consideran fuentes oficiales para cada dominio y documenta las políticas, reglas de calidad y linaje que las respaldan. Esto genera evidencia que resiste auditorías.

5. **Define las rutas de escalación con el consejo de gobernanza.** Una vez capturados los roles y decisiones preliminares, revísalos con tu consejo de gobernanza o instancia equivalente. Ellos pueden confirmar cómo escalarán los asuntos no resueltos y cuáles son las expectativas de nivel de servicio para su atención. Esto cierra el ciclo y vuelve operativa la matriz.

Guía Práctica del Canvas

- **Dominio/Proceso:** El área temática que está siendo gobernada (p. ej., Maestro de Clientes, Jerarquía de Productos). Nombrar el dominio mantiene claro el alcance y evita disputas sobre "quién es responsable de qué".

- **Decisión Crítica:** El punto de decisión que con frecuencia genera conflicto o retraso (p. ej., cómo se gestionan los registros duplicados). Capturarlas evita la repetición interminable de los mismos temas.

- **R / A / C / I:** Los roles responsable, accountable, consultado e informado para cada decisión. Hacerlos visibles evita la duplicación de trabajo y garantiza claridad sobre quién debe participar.

- **Autoridad de Decisión (D):** La persona o rol con la última palabra. Documentarlo evita la parálisis y ayuda a la organización a avanzar incluso ante desacuerdos.

- **Sistemas de Registro:** El sistema oficial donde se gestiona la verdad de los datos. Esto evita que múltiples versiones de la verdad socaven la confianza y acelera la conciliación de datos.

- **Controles/Evidencia:** Las políticas, el linaje o las reglas de calidad asociadas al dominio. Esto asegura que las decisiones se respalden en algo más que opiniones y puedan sostenerse ante revisiones externas.

- **KQI/KPI Bajo Responsabilidad:** Las métricas clave gobernadas por este dominio. Documentarlas hace medible la accountability y asegura la alineación entre los datos y los resultados del negocio.

- **Ruta de Escalación:** El camino que siguen los asuntos no resueltos. Definirlo evita que los problemas permanezcan sin atención o se pierdan en el limbo organizacional.

- **SLA:** El tiempo de respuesta esperado para decisiones o escalaciones. Al establecer y cumplir los SLA, la gobernanza gana credibilidad como habilitador del negocio en lugar de convertirse en un cuello de botella.

Detonador del Canvas

La accountability sin claridad es caos. Esta matriz hace visibles a las personas que ya tienen la responsabilidad sobre las decisiones relacionadas con los datos y formaliza cómo se toman esas decisiones.

Estructura de Canvas de Ejemplo

- **Columnas:** Dominio/Proceso, Decisión Crítica, Rol Accountable, Autoridad de Decisión, Ruta de Escalación, SLA.
- **Filas:** Cada dominio de datos o proceso de datos.

Ejemplo (resaltando los campos que suelen generar mayor confusión):

Dominio/Proceso	Decisión Crítica	Rol Accountable	Autoridad de Decisión	Ruta de Escalación	SLA
Maestro de Clientes	Regla de supervivencia del golden record	Dir. de Marketing	Dir. de Marketing	Consejo de Gobierno de Datos → CDO	5 días hábiles
Jerarquía de Productos	Aprobación de fusión/división de categorías	COO	COO	Comité de Operaciones → COO	3 días hábiles
Definición de Ingresos	Reporte neto vs. bruto	CFO	CFO	Comité Directivo de Finanzas → CFO	7 días hábiles
Derechos de Acceso	Permiso de visualización de PII	CRO	CRO	Comité de Riesgos → CRO	2 días hábiles

Entradas del Pronóstico	Aceptación del calendario promocional	VP de Operaciones	VP de Operaciones	Comité Directivo de Operaciones → COO	4 días hábiles

Gestión del Cambio Como Catalizador – El Mapa de Impulso (Canvas de la Sección 4)

El cambio suele malinterpretarse como un evento puntual. Los líderes anuncian un nuevo programa, los gerentes despliegan nuevos procesos y se espera que los especialistas se adapten de inmediato. Sin embargo, el cambio no funciona así. No es un interruptor que se activa en un solo momento. Es un recorrido de impulso, construido victoria a victoria. Por eso el Mapa de Impulso es un artefacto tan poderoso. Es un plan para construir y sostener energía mediante una serie de logros deliberados y visibles.

El Mapa de Impulso trata de la secuenciación. Reconoce que las grandes transformaciones abruman a las personas, mientras que los pequeños logros las tranquilizan. Traza un camino desde victorias tempranas y de bajo riesgo hacia cambios más grandes y complejos. Cada logro construye confianza, reduce la resistencia y demuestra que la gobernanza acelera los resultados. Sin un mapa así, las organizaciones pasan bruscamente de una iniciativa a otra, agotando a las personas y erosionando la confianza. Con él, crean un ritmo de progreso que se vuelve imparable.

Para los ejecutivos, el Mapa de Impulso brinda visibilidad. Pueden ver cómo los pequeños logros se conectan con resultados mayores, facilitando la justificación de la inversión. Para los gerentes, proporciona ritmo. Les permite gestionar la carga de trabajo y la resistencia enfocándose en hitos alcanzables. Para los especialistas, ofrece tranquilidad. Ya no enfrentan un cambio abrumador, sino una secuencia de mejoras que demuestra valor rápidamente.

El Mapa de Impulso no es teórico. Es práctico y tangible. La etapa uno podría implicar limpiar registros duplicados de clientes para acelerar la incorporación. La etapa dos podría consistir en reconciliar definiciones de ingresos entre departamentos. La etapa tres podría implicar integrar la gobernanza en el entrenamiento de modelos de IA. Cada etapa se construye sobre la anterior, demostrando valor mientras prepara el terreno para desafíos mayores. El mapa hace visible el progreso, lo cual es esencial para sostener el impulso.

La fatiga del cambio es real. Las personas se cansan de iniciativas interminables que prometen transformación pero entregan frustración. El Mapa de Impulso combate esa fatiga demostrando que la gobernanza no es una carga adicional, sino una serie de aceleradores. Cada logro se celebra, cada mejora se comunica y cada paso adelante refuerza la creencia de que el cambio está funcionando. Con el tiempo, el mapa se convierte en un artefacto cultural que moldea la forma en que el cambio se aborda en toda la organización.

Los críticos pueden desestimar el impulso por considerarlo blando o intangible, pero malinterpretan su poder. El impulso es lo que permite a las organizaciones atravesar la resistencia y la incertidumbre. Es lo que convence a los escépticos de convertirse en creyentes. Es lo que transforma la gobernanza de un ejercicio de cumplimiento en un movimiento cultural. El Mapa de Impulso es el artefacto que garantiza que el impulso no se deje al azar, sino que se construya intencionalmente y se sostenga deliberadamente.

Desarrollo y Uso del Canvas

Uno de los mayores errores que cometen las organizaciones con el gobierno de datos, las iniciativas de cambio y los programas de fluency es aspirar a la perfección desde el inicio. Las transformaciones grandiosas y de gran alcance suenan bien en teoría, pero rápidamente colapsan bajo el peso de prioridades en competencia y de la resistencia humana. El Mapa de Impulso cambia ese enfoque al centrarse en pequeños logros que construyen credibilidad, éxito tras éxito.

Este artefacto te ayuda a diseñar una ruta secuenciada donde cada logro se potencia en el siguiente. Al documentar hipótesis, líneas base, objetivos, patrocinadores y planes de comunicación, transforma el progreso en evidencia. Cada logro se convierte en una historia digna de compartirse, y son esas historias las que construyen creencia en toda la organización. Con el tiempo, la acumulación de logros rápidos se convierte en un impulso cultural que ningún discurso ejecutivo ni documento de política podría generar por sí solo.

Cómo Recopilar los Insumos

1. **Revisa el *backlog* y los registros de problemas para seleccionar logros de bajo riesgo y alta visibilidad.** Vuelve a examinar los backlogs de proyectos, los hallazgos de auditoría y los "puntos de dolor conocidos" que el personal suele señalar. Elegir elementos que puedan resolverse rápidamente los hará visibles para los stakeholders y no requerirá grandes presupuestos ni aprobaciones complejas para comenzar.

2. **Define hipótesis, línea base y objetivos para cada logro.** No se trata solo de "arreglar algo", sino de explicar por qué arreglarlo importa. Captura el estado actual (línea base), lo que esperas mejorar (objetivo) y la hipótesis que conecta la mejora con el valor del negocio. Esto convierte cada logro en un experimento medible en lugar de una mejora vaga.

3. **Asigna un champion y un plan de comunicación.** Cada logro necesita a alguien claramente accountable de hacerlo realidad, así como un plan para comunicar los resultados. Nombrar ambos desde el inicio reduce el riesgo de que los logros pasen desapercibidos o que el impulso se disipe tras la entrega.

4. **Registra dependencias y criterios de escalamiento para habilitar el siguiente paso.** Piensa en el Mapa de Impulso como una escalera: cada logro debe facilitar el siguiente. Documenta qué condiciones deben cumplirse antes de

avanzar, así como la forma en que el logro se escalará o se adaptará para un uso más amplio.

5. **Publica resultados y extrae historias breves como evidencia.** Los logros que permanecen dentro de un equipo de proyecto no generan impulso en toda la organización. Publica métricas de antes y después, documenta la historia de lo que se corrigió y compártela ampliamente. Las historias viajan más rápido que los datos e inspiran la siguiente ola de adopción.

Guía Práctica del Canvas

- **Etapa y Logro:** La secuencia y descripción de la mejora. La secuencia es importante porque garantiza que el progreso se perciba como intencional y no aleatorio, y que cada paso construya hacia un resultado mayor.

- **Hipótesis de Valor:** Una breve declaración de por qué este logro en particular importa. Obliga a los equipos a articular el "¿y qué?" y a vincular las correcciones técnicas con el impacto en el negocio.

- **Línea Base → Objetivo:** La meta de mejora expresada como un cambio medible desde el estado actual hacia el estado deseado. Esto proporciona evidencia de que la gobernanza y el cambio no son abstractos, sino que entregan progreso cuantificable.

- **Tipo de Valor y Método:** El tipo de valor que se está creando (tiempo ahorrado, costo reducido, riesgo mitigado, ingresos mejorados) y cómo se medirá. Esto asegura que los stakeholders comprendan el caso de negocio tangible.

- **Fechas:** El inicio y el final del ciclo de mejora. Mantener estos periodos cortos evita los "pilotos interminables" y refuerza la idea de que los logros rápidos son alcanzables en semanas, no en años.

- **Dependencias:** Los prerrequisitos que deben cumplirse antes de que un logro pueda tener éxito. Hacerlos explícitos evita esfuerzos desperdiciados en mejoras que colapsarían sin la base adecuada.

- **Champion:** El líder o custodio accountable de que el logro ocurra. Al nombrar un responsable visible, se crea sentido de propiedad y aumenta la probabilidad de que el logro se materialice.

- **Plan de Comunicación:** Los canales y la cadencia mediante los cuales se compartirán el progreso y los resultados. Un plan sólido garantiza que la credibilidad obtenida no se pierda en el silencio.

- **¿Historia?:** Registro de si el logro ha sido capturado y publicado como narrativa. Las historias amplifican las métricas al volverlas comprensibles y replicables.

- **Siguiente Logro:** La mejora que este habilita. Este campo asegura que el impulso se acumule en lugar de estancarse, convirtiendo cada paso en una plataforma de lanzamiento y no en un punto final.

Detonador del Canvas

Los despliegues tipo big bang fracasan. Los mapas de impulso tienen éxito al acumular pequeños logros, demostrar valor de forma temprana y transformar el éxito en historias convincentes.

Estructura de Canvas de Ejemplo

- **Columnas:** Etapa y Logro, Hipótesis de Valor, Línea Base → Objetivo, Champion, Plan de Comunicación, Siguiente Logro.

- **Filas:** Cada logro secuencial.

Ejemplo (resaltando los campos que suelen generar mayor confusión):

Etapa y Logro	Hipótesis de Valor	Línea Base → Objetivo	Champion	Plan de Comunicación	Siguiente Logro
Etapa 1: Definición de Cliente Activo	Reducir la fricción en reuniones	5 definiciones → 1	VP de Marketing	Asamblea general + intranet	Etapa 2
Etapa 2: Eliminación de IDs duplicados	Mejorar el alcance de campañas y la CX	7% → 4% duplicados	Líder de CRM	Dashboard semanal	Etapa 3
Etapa 3: Piloto de Stewardship	Reducir escalaciones	10/mes → 4/mes	Líder de Gobierno de Datos	Revisión operativa quincenal	Etapa 4
Etapa 4: Reglas de calidad de pedidos	Reducir correcciones de errores	1.8% → 0.9%	Gerente de Operaciones	Indicador en dashboard ejecutivo	Etapa 5
Etapa 5: Dashboard ejecutivo de KPI	Una vista compartida construye confianza	Confianza 2.6 → 3.6	CDAO	Actualizaciones para el consejo	Escalar a la unidad de negocio

Data Fluency Como Catalizador – El Canvas de Glosario de Lenguaje Compartido (Canvas de la Sección 5)

Una de las fuentes más comunes de fricción en las organizaciones es el uso del lenguaje. Ejecutivos, gerentes y especialistas suelen utilizar exactamente las mismas palabras, pero con significados distintos. "Cliente", "ingresos", "usuario activo": estos términos pueden parecer simples, pero generan confusión interminable cuando sus definiciones difieren entre silos. Por eso el Canvas de Glosario de Lenguaje

Compartido es un artefacto tan valioso. Proporciona una forma ligera y práctica de alinear el lenguaje y reducir la fricción.

El glosario no pretende ser un repositorio de metadatos pesado y burocrático. Es un documento evolutivo, orientado al negocio, que captura los términos más críticos, sus definiciones y su titularidad. Cada departamento contribuye, los conflictos salen a la luz y la reconciliación ocurre de forma transparente. El glosario se convierte en un artefacto vivo que permite decisiones más rápidas, reduce el tiempo desperdiciado y fortalece la confianza en los datos.

Para los ejecutivos, el glosario aporta claridad. Pueden confiar en que, cuando los reportes muestran ingresos, todos están hablando de lo mismo. Para los gerentes, reduce el conflicto. Ya no pierden tiempo reconciliando definiciones contradictorias. Para los especialistas, ofrece confianza. Pueden utilizar los datos sin temor a errores o malentendidos, porque las definiciones son claras y consistentes.

El Canvas de Glosario de Lenguaje Compartido también respalda las iniciativas de la IA. Los modelos entrenados con datos cuyas definiciones son inconsistentes producen resultados poco confiables. Al clarificar las definiciones, el glosario garantiza que los modelos de IA se construyan sobre datos confiables. Esto reduce el riesgo y aumenta la confianza en la adopción de la IA.

Con el tiempo, el glosario se convierte en parte de la cultura organizacional. Se consulta en reuniones, se incorpora en la inducción y se utiliza como fuente de verdad en los proyectos. Reduce la fricción, fortalece la confianza y acelera la colaboración. Algunos críticos pueden afirmar que un glosario es demasiado simple, pero esa simplicidad es precisamente el objetivo. Las personas necesitan herramientas prácticas que puedan usar a diario, no marcos teóricos que acumulen polvo. El glosario ofrece exactamente esa practicidad.

Desarrollo y Uso del Canvas

Cuando las organizaciones hablan de ser "data-driven", la conversación suele desviarse antes siquiera de comenzar. ¿Por qué? Porque las personas ni siquiera logran ponerse de acuerdo sobre el significado de las palabras. Expresiones simples como "cliente", "ingresos" o "interacción" pueden tener definiciones radicalmente distintas según a quién se le pregunte. Un glosario ligero, propiedad del negocio, es una de las herramientas más eficaces para eliminar confusión, reducir riesgos y construir confianza en las conversaciones sobre datos.

Este artefacto no busca construir un diccionario académico que permanezca en un estante. Más bien, se trata de proporcionar a las personas del negocio un lenguaje simple y compartido que puedan utilizar en su día a día. Al capturar definiciones claras, reglas y titularidad, el glosario se convierte en un punto de referencia vivo para los esfuerzos de IA, analítica y gobernanza. Con cada nueva definición aclarada, la organización reduce fricción y crea una base de confianza—algo esencial para acelerar resultados a escala.

Cómo Recopilar los Insumos

1. **Solicita a cada área de negocio sus 10 términos más confusos o críticos.** Comienza en pequeño recopilando una lista breve de cada dominio, no todas las palabras posibles. Enfocarse en los términos que generan mayor conflicto o confusión garantiza que el glosario aborde problemas reales en lugar de verse abrumado por entradas de bajo valor.

2. **Reconcilia los conflictos con stewards y con Finanzas/Legal.** Muchos términos tienen implicaciones financieras o de cumplimiento, y la desalineación en este punto puede ser costosa. Involucra desde el inicio a los data stewards, Finanzas y Legal para armonizar discrepancias y asegurar que cada definición resista el escrutinio de auditoría.

3. **Agrega fórmula, sistemas de registro, umbrales y clasificación de seguridad.** Un glosario no es solo palabras en una página; debe incluir fórmulas, el sistema oficial donde reside el dato, cualquier umbral de calidad de datos y su clasificación de sensibilidad. Esto evita ambigüedades y proporciona una guía operativa clara.

4. **Incorpora ejemplos simples y etiqueta términos relacionados.** Las personas aprenden mejor cuando ven ejemplos en lugar de reglas abstractas. Etiquetar sinónimos o conflictos entre términos garantiza que el glosario ayude a resolver la confusión en lugar de generarla.

5. **Publica con un ciclo de revisión.** Un glosario solo genera confianza si se mantiene actualizado. Asigna titularidad, establece fechas de revisión y comprométete a publicar actualizaciones periódicamente para que el glosario se convierta en una herramienta viva y no en otro artefacto olvidado.

Guía Práctica del Canvas

- **Término:** La palabra o frase de uso cotidiano. Mantener una orientación al negocio garantiza que el glosario sea útil para personal no técnico.

- **Definición en lenguaje claro:** Una descripción simple, libre de jerga. Debe escribirse en un lenguaje que una persona recién incorporada pueda comprender sin contexto previo.

- **Fórmula/Regla:** El cálculo explícito o los criterios detrás de la definición. Incluirlo elimina la ambigüedad y evita que surjan fórmulas en competencia.

- **Owner/Steward:** El rol o la persona accountable de asegurar que la definición se mantenga correcta. Esto hace visible la accountability en lugar de dejarla implícita.

- **Sistemas/Linaje:** Dónde se origina el dato y cómo fluye. Al hacer explícito el linaje, las organizaciones mejoran la confianza y reducen disputas sobre las fuentes de datos.

- **Umbral de Calidad:** La regla aceptable de calidad de datos (p. ej., 98 % de completitud). Esto establece expectativas y evita debates sobre si el dato es "lo suficientemente bueno".

- **Clasificación de Seguridad:** La clasificación de sensibilidad del dato (p. ej., Público, Interno, Confidencial). Capturarla junto con la definición evita usos indebidos accidentales.

- **Contextos de Uso:** Los procesos de negocio o reportes donde se aplica el término. Esto ayuda a comprender no solo qué significa la palabra, sino también dónde es más relevante.

- **Relacionados/Conflictos:** Sinónimos, términos similares o conflictos conocidos. Documentarlos permite a los usuarios navegar rápidamente y resolver superposiciones.

- **Última Revisión/Versión:** La fecha de revisión y el número de versión para fines de auditabilidad. Esto asegura a ejecutivos y reguladores que el glosario está sujeto a gobernanza formal.

- **Ejemplo:** Una instancia concreta o registro de muestra. Los ejemplos reducen la ambigüedad y hacen tangibles las definiciones abstractas.

Detonador del Canvas

Las palabras pueden construir o destruir la confianza. Este glosario garantiza que todos signifiquen lo mismo cuando dicen "cliente", "ingresos" o "riesgo"

Estructura de Canvas de Ejemplo

- **Columnas:** Término, Definición, Fórmula/Regla, Owner/Steward, Ejemplo.
- **Filas:** Cada término de alto valor o conflicto.

Ejemplo (resaltando los campos que suelen generar mayor confusión):

Término	Definición en lenguaje claro	Fórmula/Regla	Owner/Steward	Ejemplo
Cliente	Entidad con una compra en 24 meses	Pedido ≥ 1 en los últimos 24 meses	Marketing	Acme Co., pedido 15/11/24
Producto Activo	SKU con ventas en 90 días	Ventas > 0 en 90 días	Cadena de Suministro	SKU-4412
Ingresos Netos	Ingresos después de descuentos/devoluciones	Bruto – Descuentos – Devoluciones	Finanzas	$12.4M netos en mayo
Usuario Activo	Sesión de usuario en los últimos 30 días	Sesión ≥ 1 en 30 días	Producto Digital	Usuario 8892, último acceso 03/08
Proveedor de Alto Riesgo	Proveedor con puntuación de riesgo ≥ 80	Puntuación de riesgo ≥ 80	Riesgos	Proveedor 302 (riesgo laboral señalado)

Cambiar la Narrativa – El Playbook de Replanteamiento de la Narrativa (Canvas de la Sección 6)

Las palabras moldean la percepción, y la percepción moldea el comportamiento. Cuando las personas escuchan "gobernanza", suelen pensar en cumplimiento, reglas y control. Esa narrativa genera resistencia y fatiga. Para tener éxito, las organizaciones deben cambiar la historia. Deben replantear la gobernanza como un catalizador, no como una restricción. El Playbook de Replanteamiento de la Narrativa es el artefacto que lo hace posible.

El playbook proporciona mensajes clave, analogías e historias que transforman la narrativa. Presenta narrativas antiguas junto a nuevas. "La gobernanza nos frena" se convierte en "La gobernanza acelera las decisiones al generar confianza". "La gobernanza trata de control" se convierte en "La gobernanza trata de claridad". Estos cambios modifican la forma en que las personas perciben la gobernanza y, a su vez, influyen en su respuesta hacia ella.

Para los ejecutivos, el playbook ofrece mensajes que pueden utilizarse en asambleas generales y reuniones de consejo. Para los gerentes, incluye lenguaje para conversaciones de equipo. Para los especialistas, proporciona historias que pueden compartir entre pares. Con el tiempo, estas narrativas se difunden más rápido que cualquier documento de política. Integran la gobernanza en la cultura al cambiar la manera en que las personas hablan de ella.

Los críticos pueden desestimar la narrativa como meras palabras, pero las palabras tienen poder. Influyen en la emoción, y la emoción impulsa el comportamiento. Una sola historia de gobernanza evitando el fracaso de un proyecto de IA puede generar más apoyo que una docena de documentos de política. El Playbook de Replanteamiento de la Narrativa captura estas historias y las vuelve compartibles. Convierte la gobernanza de algo que las personas evitan en algo que promueven.

El playbook no es estático. Evoluciona a medida que surgen nuevas historias, cambia la cultura y la IA eleva las exigencias. Garantiza que la narrativa de la gobernanza avance al mismo ritmo que la realidad de los datos. Sin él, las percepciones antiguas persisten y el progreso se estanca. Con él, la gobernanza es reconocida como lo que realmente es: el catalizador de la confianza, la velocidad y el valor.

Desarrollo y Uso del Canvas

Uno de los mayores obstáculos para el éxito del gobierno de datos no es técnico, sino narrativo. Demasiados programas se introducen como reglas, restricciones y checklists de cumplimiento. Ese encuadre drena energía, activa la resistencia y hace que la gobernanza se perciba como una carga en lugar de un acelerador. Si quieres encender la chispa, debes cambiar deliberadamente la historia.

Este artefacto ayuda a desplazar las conversaciones de "debes cumplir" a "obtendrás valor". Proporciona a los especialistas herramientas para recopilar objeciones, elaborar replanteamientos concisos, asociar evidencia creíble y reforzar historias que perduran. Al reorientar la gobernanza como un catalizador—algo que habilita velocidad, confianza e innovación—sustituyes el escepticismo por creencia. Bien ejecutado, esto crea un volante de inercia del impulso donde cada prueba genera mayor adhesión, y cada historia facilita el siguiente despliegue.

Cómo Recopilar los Insumos

1. **Recopila mitos y objeciones de despliegues anteriores.** Cada despliegue deja un rastro de resistencia: "Esto me frena", "Es solo burocracia" o "Ya tenemos un proceso". Reunir estos mitos de forma sistemática crea materia prima para el cambio de narrativa. No trates las objeciones como quejas; trátalas como oportunidades para reescribir la historia.

2. **Redacta replanteamientos de valor con mensajes breves adaptados a cada audiencia.** Ejecutivos, gerentes y especialistas se enfocan en cosas distintas. Los ejecutivos

buscan resultados, los gerentes claridad de proceso y los especialistas menos fricción. Elabora replanteamientos cortos que hablen directamente a cada grupo, evitando jerga y enfocándote en beneficios que realmente percibirán.

3. **Asocia evidencia: métricas, capturas de pantalla e historias.** Una nueva historia sin evidencia es solo marketing. Acompaña cada replanteamiento con datos (métricas), elementos visuales (capturas de dashboards mejorados) o anécdotas (historias breves de éxito). Estas pruebas anclan la narrativa y ayudan a que las personas crean que el cambio es posible.

4. **Define una llamada a la acción clara y su canal.** Las narrativas mueren si no impulsan acción. Especifica qué quieres que las personas hagan de manera diferente, ya sea adoptar un glosario, participar en un foro de gobernanza o utilizar un conjunto de datos certificado. Elige el canal—boletín, asamblea general o Slack—que realmente llegue a tu audiencia.

5. **Da seguimiento trimestral a la adopción del mensaje.** Una narrativa transformada debe reforzarse. Encuesta a tus audiencias, monitorea tasas de adopción y aborda las objeciones restantes. Esto crea un ciclo de retroalimentación que permite ver qué mensajes funcionan, cuáles no y dónde se necesitan nuevos replanteamientos.

Guía Práctica del Canvas

- **Audiencia:** Define a quién va dirigido el mensaje—Ejecutivo, Gerente o Especialista. Diferentes audiencias requieren distintos replanteamientos para que el mensaje tenga impacto.

- **Narrativa Anterior:** El mito, la queja o la declaración de dolor que actualmente domina la conversación. Capturar esto de forma explícita asegura que se aborde la verdadera fuente de resistencia en lugar de suponerla.

- **Nueva Narrativa de Valor:** La historia replanteada que enfatiza beneficios. Debe transformar la objeción en una ventaja, mostrando cómo la gobernanza acelera resultados en lugar de obstaculizarlos.

- **Mensaje Clave:** Una frase corta y memorable que las personas puedan repetir. Los buenos mensajes clave viajan rápido: hacen que la narrativa permanezca.

- **Punto de Evidencia:** Una métrica, captura de pantalla o historia de éxito que haga creíble el mensaje clave. Aquí es donde se construye la confianza.

- **Gestión de Objeciones:** Una respuesta preparada frente a la resistencia. En lugar de descartar las objeciones, se enfrentan directamente con empatía y hechos.

- **Llamada a la Acción:** El paso específico que quieres que tu audiencia dé a continuación. Sin una llamada a la acción, incluso la mejor narrativa se diluye.

- **Canal y Cadencia:** Dónde se entregará el mensaje y con qué frecuencia. Las narrativas de gobernanza fracasan cuando se comunican "una sola vez". La repetición importa.

- **Portavoz:** La persona que transmite el mensaje. Puede ser un líder de datos, pero en ocasiones un par o un gerente respetado aporta mayor credibilidad.

- **Estado:** Indica si la narrativa está planificada, en ejecución activa o ya probada como efectiva. Dar seguimiento al estado permite gestionar la comunicación de forma intencional.

Detonador del Canvas

Si quieres cambiar la cultura, primero debe cambiar la historia. Este playbook te proporciona mensajes clave, puntos de evidencia y narrativas replanteadas que convierten la gobernanza en un acelerador.

Estructura de Canvas de Ejemplo

- **Columnas:** Audiencia, Narrativa anterior, Nueva narrativa, Mensaje clave, Punto de evidencia.
- **Filas:** Cada mensaje dirigido a una audiencia específica.

Ejemplo (resaltando los campos que suelen generar mayor confusión):

Audiencia	Narrativa Anterior	Nueva Narrativa	Mensaje Clave	Punto de Evidencia
Ejecutivo	La gobernanza nos frena	La gobernanza acelera decisiones con confianza	"La confianza acelera las decisiones."	Tiempo de ciclo ↓ 22% tras la asignación de stewardship.
Gerente	Esto es trabajo adicional	Los pasos integrados reducen el retrabajo	"Hazlo una vez, úsalo siempre."	Tickets de retrabajo ↓ 35%.
Especialista	Nadie se pone de acuerdo en los términos	El glosario alinea las definiciones	"Mismas palabras, mismos números."	Disputas por variaciones ↓ 50%.
Ejecutivo	La IA es riesgosa	Los datos gobernados hacen escalable la IA	"Gobernado desde el origen, confiable en el resultado."	Precisión del pronóstico ↑ 6 puntos.

Gerente	La gente no adoptará	Los micrologros impulsan la adopción	"Pequeños logros, gran convicción."	78% de adopción en el piloto.

Resumen de la Guía Práctica

Esta sección adicional está diseñada para compartirse, extraerse y ponerse en práctica de inmediato. Cada Canvas es una forma práctica de tomar los conceptos del *Catalizador de Datos³ (al cubo)* y volverlos accionables en tu organización. Las checklists, matrices, mapas, glosarios y playbooks no son sobrecarga. Son catalizadores: herramientas que facilitan que las personas se alineen, confíen, adopten y aceleren.

El poder de estos artefactos no reside en su complejidad, sino en su claridad. Cada uno hace más difícil que persistan las excusas y más fácil que el progreso sea visible. Úsalos. Compártelos. Colócalos en las paredes de tus proyectos. Porque cuando la gobernanza, el cambio y la data literacy se combinan y se operativizan mediante Canvas simples pero poderosos, es entonces cuando la chispa se convierte en fuego.

Índice

www.ingramcontent.com/pod-product-compliance
Lightning Source LLC
LaVergne TN
LVHW050855051026
849532LV00006BA/2251
* 9 7 9 8 8 9 8 1 6 0 9 4 4 *